O LIVRO DA LEI

LIBER AL VEL LEGIS

O LIVRO DA LEI

LIBER AL VEL LEGIS

Αιϝασς

Tradução: Marcelo Ramos Motta

Primeira Edição
São Paulo
Penumbra Livros, 2025

Título original: The Book of the Law
Texto: Aiwass
Tradução: Marcelo Ramos Motta
Edição: Vítor Campos e Vinicius Ferreira
Diagramação e Projeto Gráfico: Livia Andrade
Capa: Mariana Waechter

CIP – BRASIL. CATALOGAÇÃO NA PUBLICAÇÃO
BIBLIOTECÁRIO: Lucas Rafael Pessota CRB-8/9632

A311l Aiwass (Espírito)
Liber al vel legis = Livro da lei / Aiwass; pelas mãos de Aleister Crowley ; tradução Marcelo Ramos Motta. - São Paulo : Penumbra, 2025.
144 p. : il.

Título original: Liber AL vel Legis.
ISBN 978-65-86915-10-5

1. Magia 2. Ocultismo 3. Esoterismo I. Crowley, Aleister. II. Motta, Marcelo Ramos, trad. III. Título.

CDD 133.4

Primeira Edição
Penumbra Livros, São Paulo, 2025
penumbralivros.com.br
sociedadenovoaeon.org

Sumário

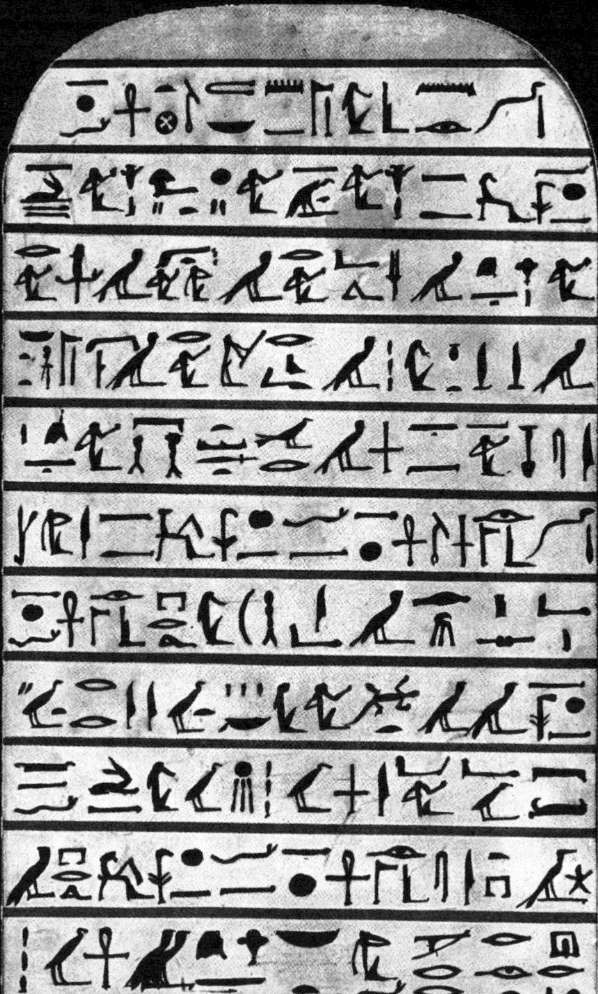

LIBER AL VEL LEGIS

SUB FIGURA CCXX

TAL QUAL ENTREGUE POR

XCIII = 418

A

DCLXVI

A∴A∴
Publicação em Classe B

93	10° = 1□	Pro. Coll. Summ.
666	9° = 2□	
216	8° = 3□	

P.	3° = 8□	Pro Coll. Ext.
939	2° = 9□	

O.M.	7° = 4□	Pro Coll. Int
ABMN∴	6° = 5□	
Φ	5° = 6□	

I

1. Had! A manifestação de Nuit.
2. A desvelação da companhia do céu.
3. Todo homem e toda mulher é uma estrela.
4. Todo número é infinito; não há diferença.
5. Ajuda-me, ó guerreiro senhor de Tebas, em minha desvelação diante das Crianças dos homens!
6. Sê tu Hadit, meu centro secreto, meu coração & minha língua!
7. Vede! é revelado por Aiwass, o ministro de Hoor-paar-kraat.
8. O Khabs está no Khu, não o Khu no Khabs.
9. Identificai-vos pois com o Khabs, e vede minha luz derramada sobre vós!
10. Que meus servidores sejam poucos & secretos: eles regerão os muitos & os conhecidos.
11. Estes são tolos que os homens adoram; seus Deuses & seus homens são tolos.
12. Aparecei, ó crianças, sob as estrelas, & tomai vossa fartura de amor!
13. Eu estou sobre vós e em vós. Meu êxtase está no vosso. Minha alegria é ver vossa alegria.

14. Acima, o enfeitado azul
        É de Nuit o esplendor nu
    Curvado em prazer taful;
        Hadit secreto é beijado.
    Céu de estrela e globo alado
    São meus, Ó Ankh-af-na-khonsu!

15. Agora sabereis que o escolhido vate & apóstolo do espaço infinito é o sacerdote-príncipe a Besta; e em sua mulher chamada a Mulher Escarlate é todo poder dado. Eles ajuntarão minhas crianças em seu cercado: eles trarão a glória das estrelas para dentro dos corações dos homens.

16. Pois ele é sempre um sol, e ela uma lua. Mas a ele é a alada chama secreta, e a ela a descendente luz estelar.

17. Mas vós não sois assim escolhidos.

18. Queima sobre suas testas, ó serpente esplendorosa!

19. Ó mulher de pálpebras azuis, curva-te sobre eles!

20. A chave dos rituais está na palavra secreta que Eu dei a ele.

21. Com o Deus & o Adorante Eu nada sou; eles não me veem. Eles são como sobre a terra; Eu sou o Céu, e não há ali outro Deus que me, e meu senhor Hadit.

22. Agora, portanto, Eu vos sou conhecida por meu nome Nuit, e dele por um nome secreto que Eu lhe darei quando ele por fim me conhecer. Desde que Eu sou o Espaço Infinito, e as Infinitas Estrelas de lá, fazei vós assim também. Nada amarreis! Que não haja nenhuma diferença feita entre vós entre qualquer uma coisa & qualquer outra coisa; pois daí vem dor.

23. Mas quem quer que valha nisto, seja ele o chefe de tudo!

24. Eu sou Nuit, e minha palavra é seis e cinquenta.

25. Dividi, somai, multiplicai e compreendei.

26. Então diz o profeta e escravo da bela: Quem sou Eu, e qual há de ser o sinal? Assim ela lhe respondeu, curvando-se, uma lambente chama de azul, tudo-tocando, tudo-penetrando, suas mãos amoráveis sobre a terra negra, & seu corpo flexível arqueado para o amor, e seus pés macios não machucando as pequeninas flores: Tu sabes! E o sinal será meu êxtase, a consciência da continuidade da existência, a onipresença do meu corpo.

27. Então o sacerdote respondeu & disse à Rainha do Espaço, beijando suas amoráveis sobrancelhas, e o orvalho da luz dela banhando o corpo inteiro dele em um doce perfume de suor: Ó Nuit, contínua mulher do Céu, que seja assim sempre; que os homens não falem de Ti como Uma, mas como Nenhuma; e que eles não falem de ti de todo, desde que tu és contínua!

28. Nenhuma, respirou a luz, tênue & encantada, das estrelas, e dois.

29. Pois Eu estou dividida por amor ao amor, pela chance de união.

30. Esta é a criação do mundo, que a dor de divisão é como nada, e a alegria da dissolução tudo.

31. Por estes tolos dos homens e suas penas de todo não te cuides! Eles sentem pouco; o que é, é balançado por fracas alegrias; mas vós sois meus escolhidos.

32. Obedecei meu profeta! cumpri as ordálias do meu conhecimento! buscai-me apenas! Então as alegrias do meu amor vos redimirão de toda pena. Isto é assim; Eu o juro pela cúpula do meu corpo; por meu sagrado coração e língua; por tudo que Eu posso dar, por tudo que Eu desejo de vós todos.

33. Então o sacerdote caiu em um profundo transe ou desmaio, & disse à Rainha do Céu; Escreve para nós as ordálias; escreve para nós os rituais; escreve para nós a lei!

34. Mas ela disse: as ordálias Eu não escrevo: os rituais serão metade conhecidos e metade escondidos: a Lei é para todos.

35. Isto que tu escreves é o tripartido livro de Lei.

36. Meu escriba Ankh-af-na-khonsu, o sacerdote dos príncipes, não mudará este livro em uma só letra; mas para que não haja tolice, ele comentará a respeito pela sabedoria de Ra-Hoor-Khu-it.

37. Também os mantras e encantamentos; o obeah e o wanga; o trabalho da baqueta e o trabalho da espada; estes ele aprenderá e ensinará.

38. Ele deve ensinar; mas ele pode fazer severas as ordálias.

39. A palavra da Lei é *Θελημα*.

40. Quem nos chama Telemitas não fará erro, se ele olhar bem de perto na palavra. Pois há ali Três Graus, o Eremita, e o Amante, e o homem da Terra. Faze o que tu queres há de ser tudo da Lei.

41. A palavra de Pecado é Restrição. Ó homem! não recuses tua esposa, se ela quer! Ó amante, se tu queres, parte! Não existe laço que possa unir os divididos a não ser o amor: tudo mais é maldição. Maldito! Maldito seja para os eons! Inferno.

42. Deixa estar aquele estado de multiplicidade amarrada e odiando. Assim com teu tudo: tu não tens direito a não ser fazer a tua vontade.

43. Faze aquilo, e nenhum outro dirá não.

44. Pois vontade pura, desembaraçada de propósito, livre da ânsia de resultado, é toda via perfeita.

45. O Perfeito e o Perfeito são um Perfeito e não dois; não, são nenhum!

46. Nada é uma chave secreta desta lei. Sessenta e um os Judeus a chamam; Eu a chamo oito, oitenta, quatrocentos & dezoito.

47. Mas eles têm a metade: une por tua arte para que tudo desapareça.

48. Meu profeta é um tolo com seu um, um, um; não são eles o Boi, e nenhum pelo Livro?

49. Abrogados estão todos os rituais, todas as ordálias, todas as palavras e sinais. Ra-Hoor-Khuit tomou seu assento no Oriente ao Equinócio dos Deuses; e que Asar seja com Isa, que também são um. Mas eles não são de me. Que Asar seja o adorante, Isa o sofredor; Hoor em seu secreto nome e esplendor é o Senhor iniciando.

50. Existe uma palavra a dizer a respeito do trabalho Hierofântico. Vede! existem três ordálias em uma, e pode ser dada em três caminhos. O grosseiro deve passar por fogo; que o fino seja provado em intelecto, e os elevados escolhidos, no altíssimo. Assim vós tendes estrela & estrela, sistema & sistema; que nenhum conheça bem o outro!

51. Há quatro portões para um palácio; o chão daquele palácio é de prata e ouro; lápis-lazúli & jaspe estão ali; e todos perfumes raros; jasmim & rosa, e os emblemas da morte. Que ele entre sucessiva ou simultaneamente pelos quatro portões; que ele fique de pé no chão do palácio. Não afundará ele? Amn. Ho! guerreiro, se teu servo afunda? Mas há meios e meios. Sede bons portanto: vesti-vos finamente; comei comidas ricas e bebei vinhos doces e vinhos que espumejam! Também, tomai vossa fartura e vontade de amor como quiserdes, quando, onde e com quem quiserdes! Mas sempre para me.

52. Se isto não for correto; se confundis as marcas do espaço, dizendo: Elas são uma; ou dizendo, Elas são muitas; se o ritual não for sempre para me: então esperai os terríveis julgamentos de Ra Hoor Khuit!

53. Isto regenerará o mundo, o mundozinho minha irmã, meu coração & minha língua, a quem Eu mando este beijo. Também, ó escriba e profeta, se bem que tu és dos príncipes, isto não te redimirá nem te absolverá. Mas êxtase seja teu e alegria da terra: sempre A me! A me!

54. Não mudes nem mesmo o estilo de uma letra; pois vê! tu, ó profeta, não verás todos estes mistérios escondidos aí.

55. A criança das tuas entranhas, *ele* os verá.

56. Não o esperes do Oriente, nem do Ocidente; pois de nenhuma casa esperada vem aquela criança. Aum! Todas as palavras são sagradas e todos os profetas verdadeiros; salvo apenas que eles compreendem um pouco; resolvem a primeira metade da equação, deixam a segunda inatacada. Mas tu tens tudo na luz clara e algo, mas não tudo, na escuridão.

57. Invocai-me sob minhas estrelas! Amor é a lei, amor sob vontade. Nem confundam os tolos o amor; pois existem amor e amor. Existe o pombo, e existe a serpente. Escolhei bem! Ele, meu profeta, escolheu, conhecendo a lei da fortaleza, e o grande mistério da Casa de Deus.

Todas essas velhas letras de meu Livro estão corretas; mas צ não é a Estrela. Isto também é secreto: meu profeta o revelará aos sábios.

58. Eu dou alegrias inimagináveis sobre a terra; certeza, não fé, enquanto em vida, sobre a morte; paz inominável, descanso, êxtase; nem exijo Eu coisa alguma em sacrifício.

59. Meu incenso é de madeiras resinosas & gomas; e não existe sangue ali: por causa de meu cabelo as árvores da Eternidade.

60. Meu número é 11, como todos os seus números que são de nós. A Estrela de Cinco Pontas, com um Círculo no Meio, e o círculo é Vermelho. Minha cor é negra para os cegos, mas o azul & ouro são vistos dos videntes. Também Eu tenho uma glória secreta para aqueles que me amam.

61. Mas amar-me é melhor que toda coisa: se sob as estrelas da noite no deserto tu presentemente queimas meu incenso diante de me, invocando-me com um coração puro, e a chama Serpentina ali contida, tu virás deitar-te em meu seio um bocadinho. Por um beijo tu então quererás dar tudo; mas quem quer que dê uma partícula de pó perderá tudo naquela hora. Vós ajuntareis mercadorias e quantidades de mulheres e espécias; vós usareis ricas joias; vós excedereis as nações da terra em esplendor & orgulho; mas sempre no amor de me, e assim vireis à minha alegria. Eu te urjo seriamente a que venhas diante de me em uma vestimenta única, e coberto com um rico diadema. Eu te amo! Eu te desejo! Pálido ou púrpura, velado ou voluptuoso, Eu que sou todo o prazer e púrpura, e embriaguez do senso mais íntimo, te desejo. Põe as asas, e acorda o esplendor enroscado dentro de ti: vem a me!

62. Em todos os meus encontros convosco a sacerdotisa dirá – e seus olhos queimarão com desejo enquanto ela está de pé nua e regozijante em meu templo secreto – A me! A me! evocando a flama dos corações de todos em seu cântico de amor.

63. Cantai a canção de amor feliz para me! Queimai perfumes para me! Usai joias para me! Bebei a me, pois Eu vos amo! Eu vos amo!

64. Eu sou a filha do Poente, de pálpebras azuis; Eu sou o brilho nu do voluptuoso céu noturno.

65. A me! A me!

66. A Manifestação de Nuit está em um fim.

II

1. Nu! o esconder de Hadit.

2. Vinde! todos vós, e aprendei o segredo que ainda não foi revelado. Eu, Hadit, sou o complemento de Nu, minha noiva. Eu não sou estendido, e Khabs é o nome de minha Casa.

3. Na esfera Eu sou em toda parte o centro, tal qual ela, a circunferência, em parte alguma é encontrada.

4. No entanto ela será conhecida & Eu nunca.

5. Vede! os rituais do velho tempo são negros. Que os ruins sejam jogados fora; que os bons sejam purgados pelo profeta! Então este Conhecimento irá corretamente.

6. Eu sou a flama que queima em todo coração de homem, e no âmago de toda estrela. Eu sou Vida, e o doador de Vida, no entanto por isto conhecer-me é conhecer a morte.

7. Eu sou o Mago e o Exorcista. Eu sou o eixo da roda, e o cubo no círculo. “Vinde a mim” é uma palavra tola; pois sou Eu que vou.

8. Quem adorou Heru-pa-kraath adorou-me; erro, pois Eu sou o adorante.

9. Lembrai-vos todos vós de que existência é pura alegria; de que todos os sofrimentos são apenas como sombras; eles passam & estão acabados; mas existe aquilo que resta.

10. Ó profeta! tu tens má vontade de aprender esta escritura.

11. Eu te vejo odiar a mão & a pena; mas Eu sou mais forte.

12. Por causa de me em Ti que tu não conhecias.

13. por que? Porque tu eras o conhecedor, e me.

14. Agora haja um velar deste sacrário: agora que a luz devore os homens e os engula com cegueira!

15. Pois Eu sou perfeito, Não sendo; e meu número é nove pelos tolos; mas com o justo Eu sou oito, e um em oito: O que é vital, pois Eu nenhum sou de fato. A Imperatriz e o Rei não são de me; pois existe um outro segredo.

16. Eu sou A Imperatriz & o Hierofante. Assim onze, como minha noiva é onze.

17. Ouvi, vós que suspirais!
    As dores de pena infinda
Queda aos mortos e mortais,
    Quem me não conhece ainda.

18. Estes são mortos, esta gente; eles não sentem. Nós não somos para os pobres e tristes: os senhores da terra são nossos parentes.

19. Há um Deus de viver em um cão? Não! mas os mais elevados são de nós. Eles se regozijarão, nossos escolhidos: quem se amargura não é de nós.

20. Beleza e força, riso pulante e langor delicioso, energia e fogo, são de nós.

21. Nós nada temos com o incapaz e o expulso: deixai-os morrer em sua miséria. Pois eles não sentem. Compaixão é o vício dos reis: calcai aos pés os desgraçados & os fracos: esta é a lei do forte: esta é a nossa lei e a alegria do mundo. Não penses, ó rei, naquela mentira: Que Tu Deves Morrer: em verdade, tu não morrerás, mas viverás. Agora seja isto compreendido: Se o corpo do Rei se dissolve, ele permanecerá em puro êxtase para sempre. Nuit! Hadit! Ra-Hoor-Khuit! O Sol, Força & Visão, Luz; estes são para os servidores da Estrela & da Cobra.

22. Eu sou a Cobra que dá Conhecimento & Deleite e brilhante glória, e movo os corações dos homens com embriaguez. Para adorar-me tomai vinho e estranhas drogas das quais Eu direi ao meu profeta, & embriagai-vos deles! Eles não vos farão mal de forma alguma. É uma mentira, esta tolice contra si mesmo. A exibição de inocência é uma mentira. Sê forte, ó homem! Arde, usufrui todas as coisas de senso e raptura: não temas que qualquer Deus te negará por isto.

23. Eu sou só: não existe Deus onde Eu sou.

24. Vede! estes são graves mistérios; pois há também de meus amigos quem são eremitas. Agora não penseis encontrá-los na floresta ou na montanha; mas em camas de púrpura, acariciados por magníficas bestas de mulheres com longos membros, e fogo e luz em seus olhos, e massas de cabelo flamejante em volta delas; lá vós os encontrareis. Vós os vereis governando, em exércitos vitoriosos, em toda a alegria; e haverá neles uma alegria um milhão de vezes maior que isto. Cuidado para que algum não force outro, Rei contra Rei! Amai-vos uns aos outros com corações ardentes; nos homens baixos pisai no enérgico ímpeto do vosso orgulho, no dia de vossa cólera.

25. Vós sois contra o povo, Ó meus escolhidos!

26. Eu sou a secreta Serpente enroscada a ponto de pular: em minhas roscas há alegria. Se Eu levanto minha cabeça, Eu e minha Nuit somos um. Se Eu abaixo minha cabeça, e ejaculo veneno, então há raptura da terra, e Eu e a terra somos um.

27. Existe grande perigo em me; pois quem não compreende estas runas fará uma grande falha. Ele cairá dentro do mundéu chamado Porque, e lá ele perecerá com os cães da Razão.

28. Agora uma maldição sobre Porque e seus parentes!

29. Seja Porque amaldiçoado para sempre!

30. Se a Vontade para e grita Por Que, invocando Porque, então a Vontade para & nada faz.

31. Se o Poder pergunta por que, então o Poder é fraqueza.

32. Também a razão é uma mentira; pois existe um fator infinito & desconhecido; & todas as suas palavras são meandros.

33. Bastante de Porque! Seja ele danado para um cão!

34. Mas vós, ó meu povo, levantai-vos & acordai!

35. Que os rituais sejam retamente executados com alegria & beleza!

36. Há rituais dos elementos e festas das estações.

37. Uma festa para a primeira noite do Profeta e sua Noiva!

38. Uma festa para os três dias da escritura do Livro da Lei.

39. Uma festa para Tahuti e a criança do Profeta – Secreta, Ó Profeta!

40. Uma festa para o Supremo Ritual, e uma festa para o Equinócio dos Deuses.

41. Uma festa para o fogo e uma festa para a água; uma festa para a vida e uma festa maior para a morte!

42. Uma festa diária em vossos corações na alegria de minha raptura!

43. Uma festa toda noite para Nu, e o prazer do mais transcendente deleite!

44. Sim! festejai! regozijai-vos! não existe pavor no além. Existe a dissolução, e eterno êxtase nos beijos de Nu.

45. Há morte para os cães.

46. Falhas? Arrependes-te? Há medo em teu coração?

47. Onde Eu sou estes não são.

48. Não tenhais piedade dos caídos! Eu nunca os conheci. Eu não sou para eles. Eu não consolo: Eu odeio o consolado & o consolador.

49. Eu sou único & conquistador. Eu não sou dos escravos que perecem. Sejam eles danados & mortos! Amen. (Isto é dos 4: existe um quinto que é invisível, & ali sou Eu como um bebê em um ovo.)

50. Azul sou Eu e ouro na luz de minha noiva: mas o brilho vermelho está nos meus olhos; & minhas escamas são púrpura & verde.

51. Púrpura além do púrpura: é a luz mais alta que a visão.

52. Existe um véu; aquele véu é negro. É o véu da mulher modesta; é o véu de sofrimento, & o manto de morte: isto nenhum é de me. Rasgai abaixo aquele mentiroso espectro dos séculos: não veleis vossos vícios em palavras virtuosas: estes vícios são meu serviço; vós fazeis bem, & Eu vos recompensarei aqui e no além.

53. Não temas, ó profeta, quando estas palavras forem ditas, tu não te arrependerás. Tu és enfaticamente meu escolhido; e abençoados são os olhos que tu contemplares com alegria. Mas Eu te esconderei em uma máscara de sofrimento: eles que te verem recearão que tu és caído: mas Eu te levanto.

54. Nem valerão aqueles que gritam alto sua tolice que tu não significas nada; tu o revelarás; tu vales: eles são os escravos de porque: Eles não são de me. A pontuação como quiseres; as letras? não as mude em estilo ou valor!

55. Tu obterás a ordem & valor do Alfabeto Inglês: tu acharás novos símbolos aos quais atribuí-las.

56. Ide! vós escarnecedores; apesar de que rides em minha honra vós não rireis longamente: então quando estiverdes tristes sabei que Eu vos abandonei.

57. Ele que é correto será correto ainda; ele que é imundo será imundo ainda.

58. Sim! não penseis em mudança: vós sereis como sois, & não outro. Portanto os reis da terra serão Reis para sempre: os escravos servirão. Nenhum existe que será derrubado ou elevado: tudo é sempre como foi. No entanto existem uns mascarados meus servidores: pode ser que aquele mendigo ali seja um Rei. Um Rei pode escolher sua roupa como quiser: não existe teste certo: mas um mendigo não pode esconder sua pobreza.

59. Cuidado portanto! Amai a todos, pois pode ser que haja um Rei escondido! Dizeis assim? Tolo! Se ele é um Rei, tu não podes feri-lo.

60. Portanto, golpeia duro e baixo, e para o inferno com eles, mestre!

61. Existe uma luz diante dos teus olhos, ó profeta, uma luz indesejada, muito desejável.

62. Eu estou erguido em teu coração; e os beijos das estrelas chovem forte no teu corpo.

63. Tu estás exausto na fartura voluptuosa da inspiração; a expiração é mais doce que a morte, mais rápida e cheia de riso que uma carícia do verme do Inferno.

64. Ó! tu estás sobrepujado: nós estamos sobre ti; nosso deleite está sobre tu todo: salve! salve: profeta de Nu! profeta de Had! profeta de Ra-Hoor-Khu! Agora regozija-te! agora vem em nosso esplendor & raptura! Vem em nossa paz apaixonada, & escreve doces palavras para os Reis!

65. Eu sou o Mestre: tu és o Santo Escolhido.

66. Escreve, & encontra êxtase na escrita! Trabalha, & sê nossa cama trabalhando! Freme com a alegria de vida & morte! Ah! tua morte será linda: quem a ver se alegrará. Tua morte será o selo da promessa do nosso anciente amor. Vem! levanta teu coração & regozija-te! Nós somos um; nós somos nenhum.

67. Firma! Firma! Aguenta em tua raptura; não caias em desmaio dos beijos excelentes!

68. Endurece! Conserva-te a prumo! Levanta tua cabeça! não respires tão fundo — morre!

69. Ah! Ah! Que sinto Eu? Está a palavra exausta?

70. Existe auxílio & esperança em outros encantamentos. Sabedoria diz: sê forte! Então tu podes suportar mais alegria. Não sejas animal; refina tua raptura! Se tu bebes, bebe pelas oito e noventa regras de arte: se tu amas, excede em delicadeza; e se tu fazes o que quer que seja de alegre, que haja sutileza ali contida!

71. Mas excede! excede!

72. Esforça-te sempre por mais! e se tu és verdadeiramente meu – e não o duvides, e se tu és sempre alegre! – a morte é a coroa de tudo.

73. Ah! Ah! Morte! Morte! tu ansiarás pela morte. Morte está proibida, ó homem, para ti.

74. A duração da tua ânsia será a força da sua glória. Aquele que vive longamente & deseja muito a morte é sempre o Rei entre os Reis.

75. Sim! escuta os números & as palavras:

76. 4 6 3 8 A B K 2 4 A L G M O R 3 Y X 24 89 R P S T O V A L. Que significa isto, ó profeta? Tu não sabes; nem tu saberás sempre. Vem um para te seguir: ele o exporá. Mas lembra-te, ó escolhido, de ser me; de seguir o amor de Nu no céu iluminado de estrelas; de contemplar os homens, de dizer-lhes esta palavra alegre.

77. Ó sê tu orgulhoso e pujante entre os homens!

78. Levanta-te! pois nenhum existe como tu entre homens ou entre Deuses! Levanta-te, ó meu profeta, tua estatura sobrepassará as estrelas. Elas adorarão teu nome, quadrangular, místico, maravilhoso, o número do homem; e o nome de tua casa 418.

79. O fim do esconder de Hadit; e bênção & veneração ao profeta da amorável Estrela!

III

1. Abrahadabra: a recompensa de Ra Hoor Khut.
2. Existe divisão daqui em direção ao lar; existe uma palavra não conhecida. Soletrar está defunto; tudo não é alguma coisa. Cuidado! Firmai! Levantai o encanto de Ra-Hoor-Khuit!
3. Agora seja primeiramente compreendido que Eu sou um deus de Guerra e de Vingança. Eu lidarei duramente com eles.
4. Escolhei uma ilha!
5. Fortificai-a!
6. Cercai-a de engenharia de guerra!
7. Eu vos darei uma máquina de guerra.
8. Com ela vós golpeareis os povos; e nenhum ficará de pé diante de vós.
9. Espreitai! Retirai-vos! Sobre eles! esta é a Lei da Batalha de Conquista: assim será meu culto em volta de minha casa secreta.

10. Toma a estela de revelação mesma; coloca-a em teu templo secreto – e aquele templo já está corretamente disposto – & ela será vossa Kiblah para sempre. Ela não desbotará, mas cor miraculosa voltará a ela dia após dia. Fechai-a em vidro trancado como uma prova para o mundo.

11. Esta será vossa única prova. Eu proíbo argumento. Conquistai! Isso basta. Eu farei fácil para vós a abstrução da casa mal-ordenada na Cidade Vitoriosa. Tu a transportarás tu mesmo com veneração, ó profeta, se bem que tu não gostas. Tu terás perigo & tribulação. Ra-Hoor-Khu está contigo. Adorai-me com fogo & sangue; adorai-me com espadas & com lanças. Que a mulher seja cingida com uma espada diante de me; que sangue corra em meu nome. Calcai aos pés os Gentios; sede sobre eles, ó guerreiro, Eu vos darei da carne deles para comer!

12. Sacrificai gado, pequeno e grande: depois uma criança.

13. Mas não agora.

14. Vós vereis aquela hora, ó Besta abençoada, e tu a Concubina Escarlate do desejo dele!

15. Vós ficareis tristes por isto.

16. Não penseis demasiado avidamente em apossar-vos das promessas; não temais incorrer nas maldições. Vós, mesmo vós, não conheceis este significado todo.

17. De todo não temais; não temais nem homens nem Fados, nem deuses, nem coisa alguma. Dinheiro não temais, nem risada da tolice do povo, nem qualquer outro poder no céu ou sobre a terra ou debaixo da terra. Nu é vosso refúgio como Hadit vossa luz; e Eu sou a potência, força, vigor, de vossas armas.

18. Misericórdia esteja fora: amaldiçoai os que se apiedam! Matai e torturai; não poupeis; sede sobre eles!

19. Aquela estela eles chamarão de Abominação da Desolação; contai bem seu nome, & será para vós em 718.

20. Por que? Por causa da queda de Porque, que ele não é lá novamente.

21. Coloca minha imagem no Este: tu te comprarás uma imagem que Eu te mostrarei, especial, não dessemelhante àquela que tu conheces. E será subitamente fácil para ti o fazer isto.

22. As outras imagens agrupa em volta minha para suportar-me: sejam todas adoradas, pois elas se reunirão para exaltar-me. Eu sou o objeto visível de adoração; os outros são secretos; para a Besta & sua Noiva são eles: e para os vencedores da Ordália x. O que é isto? Tu saberás.

23. Para perfume misturai farinha & mel & grossa borra de vinho tinto: então óleo de Abramelin e óleo de oliva, e depois amolecei & amaciai com rico sangue fresco.

24. O melhor sangue é da lua, mensal: então o sangue fresco de uma criança, ou pingando da hóstia do céu: então de inimigos: então do sacerdote ou dos adorantes: por último de alguma besta, não importa qual.

25. Isto queimai: disto fazei bolos & comei para me. Isto tem também um outro uso; seja depositado diante de me, e conservado impregnado com perfumes de vossa prece: encher-se-á de escaravelhos como se fosse e coisas rastejantes sagradas a me.

26. Estes matai, nomeando vossos inimigos; & eles cairão diante de vós.

27. Também estes engendrarão ardor & poder de ardor em vós ao serem comidos.

28. Também sereis fortes na guerra.

29. Além disto, sejam eles longamente conservados, é melhor; pois incham com minha força. Tudo diante de me.

30. Meu altar é de latão rendado: queimai sobre ele em prata ou ouro!

31. Vem um homem rico do Oeste que derramará seu ouro sobre ti.

32. De ouro forja aço!

33. Sê pronto a fugir ou a golpear!

34. Mas vosso lugar santo será intocado através dos séculos: se bem que com fogo e espada ele seja queimado & despedaçado, no entanto uma casa invisível está de pé ali, e estará de pé até a queda do Grande Equinócio; quando Hrumachis se erguerá e o da dupla baqueta assumirá meu trono e lugar. Outro profeta se erguerá, e trará febre nova dos céus; outra mulher despertará o ardor & adoração da Cobra; outra alma de Deus e besta misturar-se-á no sacerdote globado; outro sacrifício manchará a tumba; outro rei reinará; e bênção não seja mais derramada Ao místico Senhor de Cabeça de Falcão!

35. A metade da palavra de Heru-ra-ha, chamado Hoor-pa-kraat e Ra-Hoor-Khut.

36. Então disse o profeta ao Deus:

37. Eu te adoro na canção –

Eu sou o Senhor de Tebas, e eu
O vate inspirado de Mentu;
Para mim desvela o véu do céu,
O sacrificado Ankh-af-na-khonsu
Cujo verbo é lei. Deixa que eu incite
Tua presença aqui, Ó Ra-Hoor-Khuit!

Ultimal Unidade demonstrada!
Adoro Teu poder, Teu sopro forte,
Deus terrível, suprema flor do nada,
Que fazes com que os deuses e que a morte
Tremam diante de Ti:
Eu, Eu adoro a ti!

Aparece no trono de Ra!
Abre os caminhos do Khu!
Ilumina os caminhos do Ka!
Nas rotas do Khabs sê tu,
Para mover-me ou parar-me!
Aum! enche meu carme!

38. De forma que tua luz está em mim; & sua flama rubra é como uma espada em minha mão para empurrar tua ordem. Existe uma porta secreta que Eu farei para estabelecer tua rota em todos os quadrantes (estas são as adorações, como tu escreveste), como é dito:

É minha a luz; faz que eu me vá
Com os seus raios. Sou o autor
De oculta porta ao Lar de Ra
E Tum, de Khephra e de Ahathoor.
Eu sou teu Tebano, Ó Mentu,
O profeta Ankh-af-na-khonsu!

Por Bes-na-Maut bato no peito;
E por Ta-Nech lanço o feitiço.
Brilha, Nuit, ó céu perfeito!
Alada cobra, luz e viço,
Abre-me tua Casa, Hadit!
Mora comigo, Ra-Hoor-Khuit!

39. Tudo isto e um livro para dizer como tu chegaste aqui e uma reprodução desta tinta e papel para sempre – pois nisto está a palavra secreta & não apenas no Inglês – e teu comento sobre este o Livro da Lei será impresso belamente em tinta vermelha e negra sobre belo papel feito à mão; e a cada homem e mulher que tu encontras, fosse apenas para jantar ou beber a eles, esta é a Lei a dar. Então talvez eles decidam permanecer nesta felicidade ou não; não tem importância. Faze isto rápido!

40. Mas o trabalho do comento? Aquilo é fácil; e Hadit ardendo em teu coração fará célere e segura tua pena.

41. Estabelece em tua Kaaba um escritório; tudo deve ser bem feito e com jeito de negócios.

42. As ordálias tu fiscalizarás tu mesmo, salvo apenas as cegas. Não recuses ninguém, mas tu conhecerás & destruirás os traidores. Eu sou Ra-Hoor-Khuit; e Eu sou poderoso para proteger meu servo. Sucesso é tua prova; não discutas; não convertas; não fales demais! Aqueles que buscam armar-te uma cilada, derrubar-te, esses ataca sem dó nem trégua; & destrói-os por completo. Célere como uma serpente pisada vira-te e dá o bote! Sê tu mais mortífero ainda que ele! Puxa para baixo suas almas a tormento horrível: ri do medo deles: cospe sobre eles!

43. Que a Mulher Escarlate se precate! Se piedade e compaixão e ternura visitarem seu coração; se ela deixar meu trabalho para brincar com velhas doçuras; então minha vingança será conhecida. Eu me matarei sua criança: Eu alienarei seu coração: Eu a expelirei dos homens: como uma encolhida e desprezada rameira ela rastejará por ruas molhadas e escuras, e morrerá fria e faminta.

44. Mas que ela se erga em orgulho! Que ela me siga em meu caminho! Que ela obre a obra de maldade! Que ela mate seu coração! Que ela seja gritona e adúltera! Que ela esteja coberta de joias, e ricas roupas, e que ela seja sem vergonha diante de todos os homens!

45. Então Eu a levantarei a pináculos de poder: então Eu engendrarei dela uma criança mais pujante que todos os reis da terra. Eu a encherei de alegria: com minha força ela verá & dará o golpe à adoração de Nu: ela conseguirá Hadit.

46. Eu sou o guerreiro Senhor dos Quarentas: os Oitentas se acovardam diante de me, & são afundados. Eu vos trarei a vitória & alegria: Eu estarei nas vossas armas em batalha & vós deleitareis em matar. Sucesso é vossa prova; coragem é vossa armadura; avante, avante em minha força; & vós não retrocedereis de qualquer!

47. Este livro será traduzido em todas as línguas: mas sempre com o original pela mão da Besta; pois na forma ao acaso das letras e sua posição umas com as outras: nestas há mistérios que nenhuma Besta adivinhará. Que ele não procure tentar: mas um vem após ele, de onde Eu não digo, que descobrirá a Chave disso tudo. Então esta linha traçada é uma chave; então este círculo esquadrado em seu fracasso é uma chave também. E Abrahadabra. Será sua criança & isso estranhamente. Que ele não busque após isto; pois dessa forma apenas pode ele cair.

48. Agora este mistério das letras está acabado, e Eu quero prosseguir para o lugar mais santo.

49. Eu estou em uma secreta palavra quádrupla, a blasfêmia contra todos os deuses dos homens.

50. Maldição sobre eles! Maldição sobre eles! Maldição sobre eles!

51. Com minha cabeça de Falcão Eu bico os olhos de Jesus enquanto ele se dependura da cruz.

52. Eu ruflo minhas asas na face de Mohammed & cego-o.

53. Com minhas garras Eu dilacero e puxo fora a carne do Hindu e do Budista, Mongol e Din.

54. Bahlasti! Ompehda! Eu cuspo nos vossos credos crapulosos.

55. Que Maria inviolada seja despedaçada sobre rodas: por causa dela que todas as mulheres castas sejam completamente desprezadas entre vós!

56. Também por causa da beleza e do amor!

57. Desprezai também todos os covardes; soldados profissionais que não ousam lutar, mas brincam; todos os tolos desprezai!

58. Mas os afiados e os altivos, os régios e os elevados; vós sois irmãos!

59. Lutai como irmãos!

60. Não existe lei além de Faze o que tu queres.

61. Há um fim da palavra do Deus entronado no assento de Ra, tornando leves as vigas da alma.

62. A Me reverenciai! a me vinde através de tribulação de ordália, que é deleite.

63. O tolo lê este Livro da Lei, e seu comento; & ele não o compreende.

64. Que ele passe pela primeira ordália, & será para ele como prata.

65. Pela segunda, ouro.

66. Pela terceira, pedras de água preciosa.

67. Pela quarta, ultimais fagulhas do fogo íntimo.

68. No entanto a todos ele parecerá belo. Seus inimigos que não dizem assim, são meros mentirosos.

69. Existe sucesso.

70. Eu sou o Senhor de Cabeça de Falcão do Silêncio & da Força; minha nêmes cobre o céu azul-noturno.

71. Salve! vós gêmeos guerreiros em volta dos pilares do mundo! pois vossa hora está próxima.

72. Eu sou o Senhor da Dupla Baqueta de Poder; a baqueta da Força de Coph Nia — mas minha mão esquerda está vazia, pois Eu esmaguei um Universo; & nada resta.

73. Empastai as folhas da direita para a esquerda e do topo ao pé: então contemplai!

74. Existe um esplendor em meu nome oculto e glorioso, como o sol da meia-noite é sempre o filho.

75. O fim das palavras é a Palavra Abrahadabra.

O Livro da Lei está Escrito

e Escondido.

Aum. Ha.

O COMENTO

Faze o que tu queres há de ser tudo da Lei.

O estudo deste Livro é proibido. É sábio destruir esta cópia após a primeira leitura.

Quem não presta atenção a isto incorre em perigo e risco pessoais. Estes são dos mais pavorosos.

Aqueles que discutem o conteúdo deste Livro devem ser evitados por todos, como focos de pestilência.

Todas as questões da Lei devem ser decididas apenas por apelo aos meus escritos, cada qual por si mesmo.

Não existe lei além de Faze o que tu queres.

Amor é a lei, amor sob vontade.

O sacerdote dos príncipes,

Ankh-f-n khonsu

A∴A∴
Publicação em Classe A

93	10° = 1□	Pro. Coll. Summ.
666	9° = 2□	
31-93-31-1	8° = 3□	

P.	3° = 8□	Pro Coll. Ext.
939	2° = 9□	

O.M.	7° = 4□	Pro Coll. Int
ABMN∴	6° = 5□	
Φ	5° = 6□	

I

1. Had! The manifestation of Nuit.
2. The unveiling of the company of heaven.
3. Every man and every woman is a star.
4. Every number is infinite; there is no difference.
5. Help me, o warrior lord of Thebes, in my unveiling before the Children of men!
6. Be thou Hadit, my secret centre, my heart & my tongue!
7. Behold! it is revealed by Aiwass the minister of Hoor-paar-kraat.
8. The Khabs is in the Khu, not the Khu in the Khabs.
9. Worship then the Khabs, and behold my light shed over you!
10. Let my servants be few & secret: they shall rule the many & the known.
11. These are fools that men adore; both their Gods & their men are fools.
12. Come forth, o children, under the stars, & take your fill of love!
13. I am above you and in you. My ecstasy is in yours. My joy is to see your joy.

14. Above, the gemmèd azure is
        The naked splendour of Nuit;
    She bends in ecstasy to kiss
        The secret ardours of Hadit.
    The wingèd globe, the starry blue,
    Are mine, O Ankh-af-na-khonsu!

15. Now ye shall know that the chosen priest & apostle of infinite space is the prince-priest the Beast; and in his woman called the Scarlet Woman is all power given. They shall gather my children into their fold: they shall bring the glory of the stars into the hearts of men.

16. For he is ever a sun, and she a moon. But to him is the winged secret flame, and to her the stooping starlight.

17. But ye are not so chosen.

18. Burn upon their brows, o splendrous serpent!

19. O azure-lidded woman, bend upon them!

20. The key of the rituals is in the secret word which I have given unto him.

21. With the God & the Adorer I am nothing: they do not see me. They are as upon the earth; I am Heaven, and there is no other God than me, and my lord Hadit.

22. Now, therefore, I am known to ye by my name Nuit, and to him by a secret name which I will give him when at last he knoweth me. Since I am Infinite Space, and the Infinite Stars thereof, do ye also thus. Bind nothing! Let there be no difference made among you between any one thing & any other thing; for thereby there cometh hurt.

23. But whoso availeth in this, let him be the chief of all!

24. I am Nuit, and my word is six and fifty.

25. Divide, add, multiply, and understand.

26. Then saith the prophet and slave of the beauteous one: Who am I, and what shall be the sign? So she answered him, bending down, a lambent flame of blue, all-touching, all penetrant, her lovely hands upon the black earth, & her lithe body arched for love, and her soft feet not hurting the little flowers: Thou knowest! And the sign shall be my ecstasy, the consciousness of the continuity of existence, the omnipresence of my body.

27. Then the priest answered & said unto the Queen of Space, kissing her lovely brows, and the dew of her light bathing his whole body in a sweet-smelling perfume of sweat: O Nuit, continuous one of Heaven, let it be ever thus; that men speak not of Thee as One but as None; and let them speak not of thee at all, since thou art continuous!

28. None, breathed the light, faint & faery, of the stars, and two.

29. For I am divided for love's sake, for the chance of union.

30. This is the creation of the world, that the pain of division is as nothing, and the joy of dissolution all.

31. For these fools of men and their woes care not thou at all! They feel little; what is, is balanced by weak joys; but ye are my chosen ones.

32. Obey my prophet! follow out the ordeals of my knowledge! seek me only! Then the joys of my love will redeem ye from all pain. This is so: I swear it by the vault of my body; by my sacred heart and tongue; by all I can give, by all I desire of ye all.

33. Then the priest fell into a deep trance or swoon, & said unto the Queen of Heaven; Write unto us the ordeals; write unto us the rituals; write unto us the law!

34. But she said: the ordeals I write not: the rituals shall be half known and half concealed: the Law is for all.

35. This that thou writest is the threefold book of Law.

36. My scribe Ankh-af-na-khonsu, the priest of the princes, shall not in one letter change this book; but lest there be folly, he shall comment thereupon by the wisdom of Ra-Hoor-Khu-it.

37. Also the mantras and spells; the obeah and the wanga; the work of the wand and the work of the sword; these he shall learn and teach.

38. He must teach; but he may make severe the ordeals.

39. The word of the Law is *Θελημα*.

40. Who calls us Thelemites will do no wrong, if he look but close into the word. For there are therein Three Grades, the Hermit, and the Lover, and the man of Earth. Do what thou wilt shall be the whole of the Law.

41. The word of Sin is Restriction. O man! refuse not thy wife, if she will! O lover, if thou wilt, depart! There is no bond that can unite the divided but love: all else is a curse. Accursèd! Accursèd be it to the aeons! Hell.

42. Let it be that state of manyhood bound and loathing. So with thy all; thou hast no right but to do thy will.

43. Do that, and no other shall say nay.

44. For pure will, unassuaged of purpose, delivered from the lust of result, is every way perfect.

45. The Perfect and the Perfect are one Perfect and not two; nay, are none!

46. Nothing is a secret key of this law. Sixty-one the Jews call it; I call it eight, eighty, four hundred & eighteen.

47. But they have the half: unite by thine art so that all disappear.

48. My prophet is a fool with his one, one, one; are not they the Ox, and none by the Book?

49. Abrogate are all rituals, all ordeals, all words and signs. Ra-Hoor-Khuit hath taken his seat in the East at the Equinox of the Gods; and let Asar be with Isa, who also are one. But they are not of me. Let Asar be the adorant, Isa the sufferer; Hoor in his secret name and splendour is the Lord initiating.

50. There is a word to say about the Hierophantic task. Behold! there are three ordeals in one, and it may be given in three ways. The gross must pass through fire; let the fine be tried in intellect, and the lofty chosen ones in the highest. Thus ye have star & star, system & system; let not one know well the other!

51. There are four gates to one palace; the floor of that palace is of silver and gold; lapis lazuli & jasper are there; and all rare scents; jasmine & rose, and the emblems of death. Let him enter in turn or at once the four gates; let him stand on the floor of the palace. Will he not sink? Amn. Ho! warrior, if thy servant sink? But there are means and means. Be goodly therefore: dress ye all in fine apparel; eat rich foods and drink sweet wines and wines that foam! Also, take your fill and will of love as ye will, when, where and with whom ye will! But always unto me.

52. If this be not aright; if ye confound the space-marks, saying: They are one; or saying, They are many; if the ritual be not ever unto me: then expect the direful judgments of Ra Hoor Khuit!

53. This shall regenerate the world, the little world my sister, my heart & my tongue, unto whom I send this kiss. Also, o scribe and prophet, though thou be of the princes, it shall not assuage thee nor absolve thee. But ecstasy be thine and joy of earth: ever To me! To me!

54. Change not as much as the style of a letter; for behold! thou, o prophet, shalt not behold all these mysteries hidden therein.

55. The child of thy bowels, *he* shall behold them.

56. Expect him not from the East, nor from the West; for from no expected house cometh that child. Aum! All words are sacred and all prophets true; save only that they understand a little; solve the first half of the equation, leave the second unattacked. But thou hast all in the clear light, and some, though not all, in the dark.

57. Invoke me under my stars! Love is the law, love under will. Nor let the fools mistake love; for there are love and love. There is the dove, and there is the serpent. Choose ye well! He, my prophet, hath chosen, knowing the law of the fortress, and the great mystery of the House of God.

All these old letters of my Book are aright; but צ is not the Star. This also is secret: my prophet shall reveal it to the wise.

58. I give unimaginable joys on earth: certainty, not faith, while in life, upon death; peace unutterable, rest, ecstasy; nor do I demand aught in sacrifice.

59. My incense is of resinous woods & gums; and there is no blood therein: because of my hair the trees of Eternity.

60. My number is 11, as all their numbers who are of us. The Five Pointed Star, with a Circle in the Middle, & the circle is Red. My colour is black to the blind, but the blue & gold are seen of the seeing. Also I have a secret glory for them that love me.

61. But to love me is better than all things: if under the night-stars in the desert thou presently burnest mine incense before me, invoking me with a pure heart, and the Serpent flame therein, thou shalt come a little to lie in my bosom. For one kiss wilt thou then be willing to give all; but whoso gives one particle of dust shall lose all in that hour. Ye shall gather goods and store of women and spices; ye shall wear rich jewels; ye shall exceed the nations of the earth in splendour & pride; but always in the love of me, and so shall ye come to my joy. I charge you earnestly to come before me in a single robe, and covered with a rich headdress. I love you! I yearn to you! Pale or purple, veiled or voluptuous, I who am all pleasure and purple, and drunkenness of the innermost sense, desire you. Put on the wings, and arouse the coiled splendour within you: come unto me!

62. At all my meetings with you shall the priestess say — and her eyes shall burn with desire as she stands bare and rejoicing in my secret temple — To me! To me! calling forth the flame of the hearts of all in her love-chant.

63. Sing the rapturous love-song unto me! Burn to me perfumes! Wear to me jewels! Drink to me, for I love you! I love you!

64. I am the blue-lidded daughter of Sunset; I am the naked brilliance of the voluptuous night-sky.

65. To me! To me!

66. The Manifestation of Nuit is at an end.

II

1. Nu! the hiding of Hadit.

2. Come! all ye, and learn the secret that hath not yet been revealed. I, Hadit, am the complement of Nu, my bride. I am not extended, and Khabs is the name of my House.

3. In the sphere I am everywhere the centre, as she, the circumference, is nowhere found.

4. Yet she shall be known & I never.

5. Behold! the rituals of the old time are black. Let the evil ones be cast away; let the good ones be purged by the prophet! Then shall this Knowledge go aright.

6. I am the flame that burns in every heart of man, and in the core of every star. I am Life, and the giver of Life, yet therefore is the knowledge of me the knowledge of death.

7. I am the Magician and the Exorcist. I am the axle of the wheel, and the cube in the circle. "Come unto me" is a foolish word: for it is I that go.

8. Who worshipped Heru-pa-kraath have worshipped me; ill, for I am the worshipper.

9. Remember all ye that existence is pure joy; that all the sorrows are but as shadows; they pass & are done; but there is that which remains.

10. O prophet! thou hast ill will to learn this writing.

11. I see thee hate the hand & the pen; but I am stronger.

12. Because of me in Thee which thou knewest not.

13. for why? Because thou wast the knower, and me.

14. Now let there be a veiling of this shrine: now let the light devour men and eat them up with blindness!

15. For I am perfect, being Not; and my number is nine by the fools; but with the just I am eight, and one in eight: Which is vital, for I am none indeed. The Empress and the King are not of me; for there is a further secret.

16. I am The Empress & the Hierophant. Thus eleven, as my bride is eleven.

17. Hear me, ye people of sighing!
    The sorrows of pain and regret
Are left to the dead and the dying,
    The folk that not know me as yet.

18. These are dead, these fellows; they feel not. We are not for the poor and sad: the lords of the earth are our kinsfolk.

19. Is a God to live in a dog? No! but the highest are of us. They shall rejoice, our chosen: who sorroweth is not of us.

20. Beauty and strength, leaping laughter and delicious languor, force and fire, are of us.

21. We have nothing with the outcast and the unfit: let them die in their misery. For they feel not. Compassion is the vice of kings: stamp down the wretched & the weak: this is the law of the strong: this is our law and the joy of the world. Think not, o king, upon that lie: That Thou Must Die: verily thou shalt not die, but live. Now let it be understood: If the body of the King dissolve, he shall remain in pure ecstasy for ever. Nuit! Hadit! Ra-Hoor-Khuit! The Sun, Strength & Sight, Light; these are for the servants of the Star & the Snake.

22. I am the Snake that giveth Knowledge & Delight and bright glory, and stir the hearts of men with drunkenness. To worship me take wine and strange drugs whereof I will tell my prophet, & be drunk thereof! They shall not harm ye at all. It is a lie, this folly against self. The exposure of innocence is a lie. Be strong, o man! lust, enjoy all things of sense and rapture: fear not that any God shall deny thee for this.

23. I am alone: there is no God where I am.

24. Behold! these be grave mysteries; for there are also of my friends who be hermits. Now think not to find them in the forest or on the mountain; but in beds of purple, caressed by magnificent beasts of women with large limbs, and fire and light in their eyes, and masses of flaming hair about them; there shall ye find them. Ye shall see them at rule, at victorious armies, at all the joy; and there shall be in them a joy a million times greater than this. Beware lest any force another, King against King! Love one another with burning hearts; on the low men trample in the fierce lust of your pride, in the day of your wrath.

25. Ye are against the people, O my chosen!

26. I am the secret Serpent coiled about to spring: in my coiling there is joy. If I lift up my head, I and my Nuit are one. If I droop down mine head, and shoot forth venom, then is rapture of the earth, and I and the earth are one.

27. There is great danger in me; for who doth not understand these runes shall make a great miss. He shall fall down into the pit called Because, and there he shall perish with the dogs of Reason.

28. Now a curse upon Because and his kin!

29. May Because be accursèd for ever!

30. If Will stops and cries Why, invoking Because, then Will stops & does nought.

31. If Power asks why, then is Power weakness.

32. Also reason is a lie; for there is a factor infinite & unknown; & all their words are skew-wise.

33. Enough of Because! Be he damned for a dog!

34. But ye, o my people, rise up & awake!

35. Let the rituals be rightly performed with joy & beauty!

36. There are rituals of the elements and feasts of the times.

37. A feast for the first night of the Prophet and his Bride!

38. A feast for the three days of the writing of the Book of the Law.

39. A feast for Tahuti and the child of the Prophet— secret, O Prophet!

40. A feast for the Supreme Ritual, and a feast for the Equinox of the Gods.

41. A feast for fire and a feast for water; a feast for life and a greater feast for death!

42. A feast every day in your hearts in the joy of my rapture!

43. A feast every night unto Nu, and the pleasure of uttermost delight!

44. Aye! feast! rejoice! there is no dread hereafter. There is the dissolution, and eternal ecstasy in the kisses of Nu.

45. There is death for the dogs.

46. Dost thou fail? Art thou sorry? Is fear in thine heart?

47. Where I am these are not.

48. Pity not the fallen! I never knew them. I am not for them. I console not: I hate the consoled & the consoler.

49. I am unique & conqueror. I am not of the slaves that perish. Be they damned & dead! Amen. (This is of the 4: there is a fifth who is invisible, & therein am I as a babe in an egg.)

50. Blue am I and gold in the light of my bride: but the red gleam is in my eyes; & my spangles are purple & green.

51. Purple beyond purple: it is the light higher than eyesight.

52. There is a veil: that veil is black. It is the veil of the modest woman; it is the veil of sorrow, & the pall of death: this is none of me. Tear down that lying spectre of the centuries: veil not your vices in virtuous words: these vices are my service; ye do well, & I will reward you here and hereafter.

53. Fear not, o prophet, when these words are said, thou shalt not be sorry. Thou art emphatically my chosen; and blessed are the eyes that thou shalt look upon with gladness. But I will hide thee in a mask of sorrow: they that see thee shall fear thou art fallen: but I lift thee up.

54. Nor shall they who cry aloud their folly that thou meanest nought avail; thou shall reveal it: thou availest: they are the slaves of because: They are not of me. The stops as thou wilt; the letters? change them not in style or value!

55. Thou shalt obtain the order & value of the English Alphabet; thou shalt find new symbols to attribute them unto.

56. Begone! ye mockers; even though ye laugh in my honour ye shall laugh not long: then when ye are sad know that I have forsaken you.

57. He that is righteous shall be righteous still; he that is filthy shall be filthy still.

58. Yea! deem not of change: ye shall be as ye are, & not other. Therefore the kings of the earth shall be Kings for ever: the slaves shall serve. There is none that shall be cast down or lifted up: all is ever as it was. Yet there are masked ones my servants: it may be that yonder beggar is a King. A King may choose his garment as he will: there is no certain test: but a beggar cannot hide his poverty.

59. Beware therefore! Love all, lest perchance is a King concealed! Say you so? Fool! If he be a King, thou canst not hurt him.

60. Therefore strike hard & low, and to hell with them, master!

61. There is a light before thine eyes, o prophet, a light undesired, most desirable.

62. I am uplifted in thine heart; and the kisses of the stars rain hard upon thy body.

63. Thou art exhaust in the voluptuous fullness of the inspiration; the expiration is sweeter than death, more rapid and laughterful than a caress of Hell's own worm.

64. Oh! thou art overcome: we are upon thee; our delight is all over thee: hail! hail: prophet of Nu! prophet of Had! prophet of Ra-Hoor-Khu! Now rejoice! now come in our splendour & rapture! Come in our passionate peace, & write sweet words for the Kings!

65. I am the Master: thou art the Holy Chosen One.

66. Write, & find ecstasy in writing! Work, & be our bed in working! Thrill with the joy of life & death! Ah! thy death shall be lovely: whoso seeth it shall be glad. Thy death shall be the seal of the promise of our agelong love. Come! lift up thine heart & rejoice! We are one; we are none.

67. Hold! Hold! Bear up in thy rapture; fall not in swoon of the excellent kisses!

68. Harder! Hold up thyself! Lift thine head! breathe not so deep — die!

69. Ah! Ah! What do I feel? Is the word exhausted?

70. There is help & hope in other spells. Wisdom says: be strong! Then canst thou bear more joy. Be not animal; refine thy rapture! If thou drink, drink by the eight and ninety rules of art: if thou love, exceed by delicacy; and if thou do aught joyous, let there be subtlety therein!

71. But exceed! exceed!

72. Strive ever to more! and if thou art truly mine— and doubt it not, an if thou art ever joyous!— death is the crown of all.

73. Ah! Ah! Death! Death! thou shalt long for death. Death is forbidden, o man, unto thee.

74. The length of thy longing shall be the strength of its glory. He that lives long & desires death much is ever the King among the Kings.

75. Aye! listen to the numbers & the words:

76. 4 6 3 8 A B K 2 4 A L G M O R 3 Y X 24 89 R P S T O V A L. What meaneth this, o prophet? Thou knowest not; nor shalt thou know ever. There cometh one to follow thee: he shall expound it. But remember, o chosen one, to be me; to follow the love of Nu in the star-lit heaven; to look forth upon men, to tell them this glad word.

77. O be thou proud and mighty among men!

78. Lift up thyself! for there is none like unto thee among men or among Gods! Lift up thyself, o my prophet, thy stature shall surpass the stars. They shall worship thy name, foursquare, mystic, wonderful, the number of the man; and the name of thy house 418.

79. The end of the hiding of Hadit; and blessing & worship to the prophet of the lovely Star!

III

1. Abrahadabra; the reward of Ra Hoor Khut.

2. There is division hither homeward; there is a word not known. Spelling is defunct; all is not aught. Beware! Hold! Raise the spell of Ra-Hoor-Khuit!

3. Now let it be first understood that I am a god of War and of Vengeance. I shall deal hardly with them.

4. Choose ye an island!

5. Fortify it!

6. Dung it about with enginery of war!

7. I will give you a war-engine.

8. With it ye shall smite the peoples; and none shall stand before you.

9. Lurk! Withdraw! Upon them! this is the Law of the Battle of Conquest: thus shall my worship be about my secret house.

10. Get the stélé of revealing itself; set it in thy secret temple— and that temple is already aright disposed— & it shall be your Kiblah for ever. It shall not fade, but miraculous colour shall come back to it day after day. Close it in locked glass for a proof to the world.

11. This shall be your only proof. I forbid argument. Conquer! That is enough. I will make easy to you the abstruction from the ill-ordered house in the Victorious City. Thou shalt thyself convey it with worship, o prophet, though thou likest it not. Thou shalt have danger & trouble. Ra-Hoor-Khu is with thee. Worship me with fire & blood; worship me with swords & with spears. Let the woman be girt with a sword before me: let blood flow to my name. Trample down the Heathen; be upon them, o warrior, I will give you of their flesh to eat!

12. Sacrifice cattle, little and big: after a child.

13. But not now.

14. Ye shall see that hour, o blessèd Beast, and thou the Scarlet Concubine of his desire!

15. Ye shall be sad thereof.

16. Deem not too eagerly to catch the promises; fear not to undergo the curses. Ye, even ye, know not this meaning all.

17. Fear not at all; fear neither men nor Fates, nor gods, nor anything. Money fear not, nor laughter of the folk folly, nor any other power in heaven or upon the earth or under the earth. Nu is your refuge as Hadit your light; and I am the strength, force, vigour, of your arms.

18. Mercy let be off: damn them who pity! Kill and torture; spare not; be upon them!

19. That stélé they shall call the Abomination of Desolation; count well its name, & it shall be to you as 718.

20. Why? Because of the fall of Because, that he is not there again.

21. Set up my image in the East: thou shalt buy thee an image which I will show thee, especial, not unlike the one thou knowest. And it shall be suddenly easy for thee to do this.

22. The other images group around me to support me: let all be worshipped, for they shall cluster to exalt me. I am the visible object of worship; the others are secret; for the Beast & his Bride are they: and for the winners of the Ordeal x. What is this? Thou shalt know.

23. For perfume mix meal & honey & thick leavings of red wine: then oil of Abramelin and olive oil, and afterward soften & smooth down with rich fresh blood.

24. The best blood is of the moon, monthly: then the fresh blood of a child, or dropping from the host of heaven: then of enemies; then of the priest or of the worshippers: last of some beast, no matter what.

25. This burn: of this make cakes & eat unto me. This hath also another use; let it be laid before me, and kept thick with perfumes of your orison: it shall become full of beetles as it were and creeping things sacred unto me.

26. These slay, naming your enemies; & they shall fall before you.

27. Also these shall breed lust & power of lust in you at the eating thereof.

28. Also ye shall be strong in war.

29. Moreover, be they long kept, it is better; for they swell with my force. All before me.

30. My altar is of open brass work: burn thereon in silver or gold!

31. There cometh a rich man from the West who shall pour his gold upon thee.

32. From gold forge steel!

33. Be ready to fly or to smite!

34. But your holy place shall be untouched throughout the centuries: though with fire and sword it be burnt down & shattered, yet an invisible house there standeth, and shall stand until the fall of the Great Equinox; when Hrumachis shall arise and the double-wanded one assume my throne and place. Another prophet shall arise, and bring fresh fever from the skies; another woman shall awake the lust & worship of the Snake; another soul of God and beast shall mingle in the globèd priest; another sacrifice shall stain the tomb; another king shall reign; and blessing no longer be poured To the Hawk-headed mystical Lord!

35. The half of the word of Heru-ra-ha, called Hoor-pa-kraat and Ra-Hoor-Khut.

36. Then said the prophet unto the God:

37. I adore thee in the song: —

I am the Lord of Thebes, and I
        The inspired forth-speaker of Mentu;
For me unveils the veilèd sky,
        The self-slain Ankh-af-na-khonsu
Whose words are truth. I invoke, I greet
        Thy presence, O Ra-Hoor-Khuit!

Unity uttermost showed!
        I adore the might of Thy breath,
Supreme and terrible God,
        Who makest the gods and death
To tremble before Thee:—
        I, I adore thee!

Appear on the throne of Ra!
        Open the ways of the Khu!
Lighten the ways of the Ka!
        The ways of the Khabs run through
To stir me or still me!
        Aum! let it fill me!

38. So that thy light is in me; & its red flame is as a sword in my hand to push thy order. There is a secret door that I shall make to establish thy way in all the quarters, (these are the adorations, as thou hast written), as it is said:

The light is mine; its rays consume
        Me: I have made a secret door
Into the House of Ra and Tum,
        Of Khephra and of Ahathoor.
I am thy Theban, O Mentu,
        The prophet Ankh-af-na-khonsu!

By Bes-na-Maut my breast I beat;
        By wise Ta-Nech I weave my spell.
Show thy star-splendour, O Nuit!
        Bid me within thine House to dwell,
O wingèd snake of light, Hadit!
        Abide with me, Ra-Hoor-Khuit!

39. All this and a book to say how thou didst come hither and a reproduction of this ink and paper for ever— for in it is the word secret & not only in the English— and thy comment upon this the Book of the Law shall be printed beautifully in red ink and black upon beautiful paper made by hand; and to each man and woman that thou meetest, were it but to dine or to drink at them, it is the Law to give. Then they shall chance to abide in this bliss or no; it is no odds. Do this quickly!

40. But the work of the comment? That is easy; and Hadit burning in thy heart shall make swift and secure thy pen.

41. Establish at thy Kaaba a clerk-house: all must be done well and with business way.

42. The ordeals thou shalt oversee thyself, save only the blind ones. Refuse none, but thou shalt know & destroy the traitors. I am Ra-Hoor-Khuit; and I am powerful to protect my servant. Success is thy proof: argue not; convert not; talk not overmuch! Them that seek to entrap thee, to overthrow thee, them attack without pity or quarter; & destroy them utterly. Swift as a trodden serpent turn and strike! Be thou yet deadlier than he! Drag down their souls to awful torment: laugh at their fear: spit upon them!

43. Let the Scarlet Woman beware! If pity and compassion and tenderness visit her heart; if she leave my work to toy with old sweetnesses; then shall my vengeance be known. I will slay me her child: I will alienate her heart: I will cast her out from men: as a shrinking and despised harlot shall she crawl through dusk wet streets, and die cold and an-hungered.

44. But let her raise herself in pride! Let her follow me in my way! Let her work the work of wickedness! Let her kill her heart! Let her be loud and adulterous! Let her be covered with jewels, and rich garments, and let her be shameless before all men!

45. Then will I lift her to pinnacles of power: then will I breed from her a child mightier than all the kings of the earth. I will fill her with joy: with my force shall she see & strike at the worship of Nu: she shall achieve Hadit.

46. I am the warrior Lord of the Forties: the Eighties cower before me, & are abased. I will bring you to victory & joy: I will be at your arms in battle & ye shall delight to slay. Success is your proof; courage is your armour; go on, go on, in my strength; & ye shall turn not back for any!

47. This book shall be translated into all tongues: but always with the original in the writing of the Beast; for in the chance shape of the letters and their position to one another: in these are mysteries that no Beast shall divine. Let him not seek to try: but one cometh after him, whence I say not, who shall discover the Key of it all. Then this line drawn is a key: then this circle squared in its failure is a key also. And Abrahadabra. It shall be his child & that strangely. Let him not seek after this; for thereby alone can he fall from it.

48. Now this mystery of the letters is done, and I want to go on to the holier place.

49. I am in a secret fourfold word, the blasphemy against all gods of men.

50. Curse them! Curse them! Curse them!

51. With my Hawk's head I peck at the eyes of Jesus as he hangs upon the cross.

52. I flap my wings in the face of Mohammed & blind him.

53. With my claws I tear out the flesh of the Indian and the Buddhist, Mongol and Din.

54. Bahlasti! Ompehda! I spit on your crapulous creeds.

55. Let Mary inviolate be torn upon wheels: for her sake let all chaste women be utterly despised among you!

56. Also for beauty's sake and love's!

57. Despise also all cowards; professional soldiers who dare not fight, but play; all fools despise!

58. But the keen and the proud, the royal and the lofty; ye are brothers!

59. As brothers fight ye!

60. There is no law beyond Do what thou wilt.

61. There is an end of the word of the God enthroned in Ra's seat, lightening the girders of the soul.

62. To Me do ye reverence! to me come ye through tribulation of ordeal, which is bliss.

63. The fool readeth this Book of the Law, and its comment; & he understandeth it not.

64. Let him come through the first ordeal, & it will be to him as silver.

65. Through the second, gold.

66. Through the third, stones of precious water.

67. Through the fourth, ultimate sparks of the intimate fire.

68. Yet to all it shall seem beautiful. Its enemies who say not so, are mere liars.

69. There is success.

70. I am the Hawk-Headed Lord of Silence & of Strength; my nemyss shrouds the night-blue sky.

71. Hail! ye twin warriors about the pillars of the world! for your time is nigh at hand.

72. I am the Lord of the Double Wand of Power; the wand of the Force of Coph Nia— but my left hand is empty, for I have crushed an Universe; & nought remains.

73. Paste the sheets from right to left and from top to bottom: then behold!

74. There is a splendour in my name hidden and glorious, as the sun of midnight is ever the son.

75. The ending of the words is the Word Abrahadabra.

The Book of the Law is Written

and Concealed.

Aum. Ha.

The Comment

Do what thou wilt shall be the whole of the Law.

The study of this Book is forbidden. It is wise to destroy this copy after the first reading.

Whosoever disregards this does so at his own risk and peril. These are most dire.

Those who discuss the contents of this Book are to be shunned by all, as centres of pestilence

All questions of the Law are to be decided only by appeal to my writings, each for himself.

There is no law beyond Do what thou wilt.

Love is the law, love under will.

The priest of the princes,

Ankh-f-n khonsu

AL

(LIBER LEGIS)

O LIVRO DA LEI

SUB FIGURA

XXXI

TAL QUAL ENTREGUE POR

93 – עיוז – *Αιϝασς* – 418

A

ANKH-AF-NA-KHONSU

תריון — ΤΟ ΜΕΓΑ ΘΗΡΙΟΝ

666

A∴A∴
Publicação em Classe A

93	10° = 1□	Pro. Coll. Summ.
666	9° = 2□	
31-93-31-1	8° = 3□	

P.	3° = 8□	Pro Coll. Ext.
939	2° = 9□	

O.M.	7° = 4□	Pro Coll. Int
ABMN∴	6° = 5□	
Φ	5° = 6□	

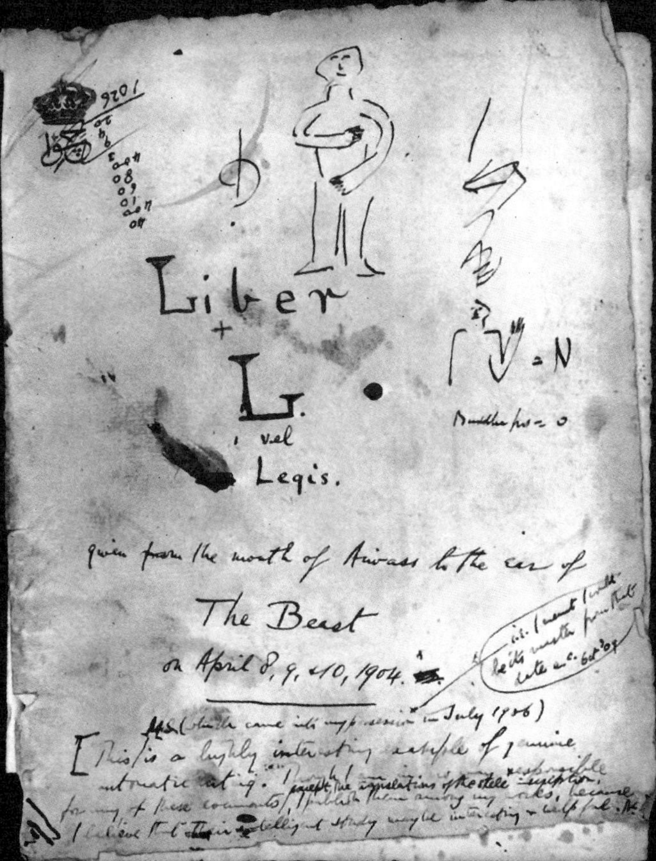

Liber L. vel Legis.

given from the mouth of Aiwass to the ear of

The Beast

on April 8, 9, & 10, 1904.

[This is a highly interesting example of genuine automatic writing. Though I am in no way responsible, except the translation of the stele inscription, for any of these comments, I publish them among my works, because I believe that their intelligent study might be interesting & helpful.

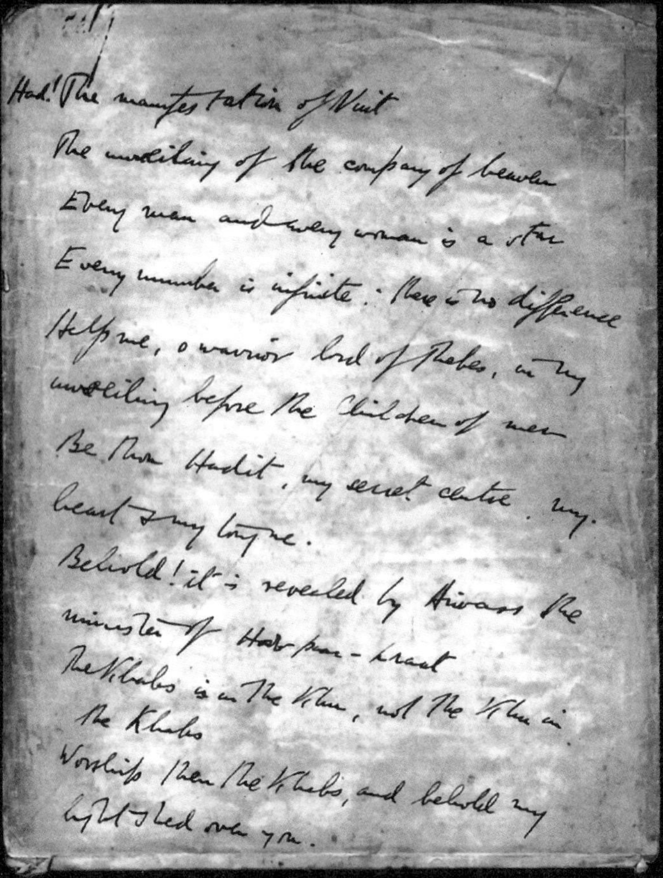

Had! The manifestation of Nuit
The unveiling of the company of heaven
Every man and every woman is a star
Every number is infinite: there is no difference
Help me, o warrior lord of Thebes, in my
unveiling before the Children of men
Be thou Hadit, my secret centre, my
heart & my tongue.
Behold! it is revealed by Aiwass the
minister of Hoor-paar-kraat
The Khabs is in the Khu, not the Khu in
the Khabs
Worship then the Khabs, and behold my
light shed over you.

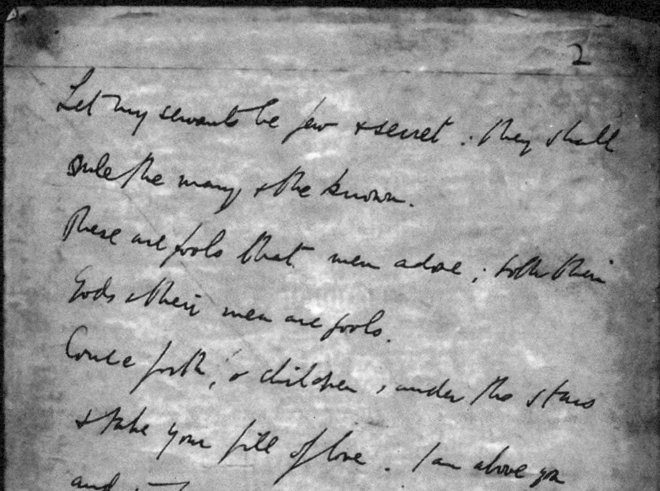

2

Let my servants be few & secret: they shall rule the many & the known.
These are fools that men adore; both their Gods & their men are fools.
Come forth, o children, under the stars & take your fill of love. I am above you and in you. My ecstasy is in yours My joy is to see your joy

V. 1. of Spell called the Joy.

Now ye shall know that the chosen priest & apostle of infinite space is the prince-priest the Beast and in

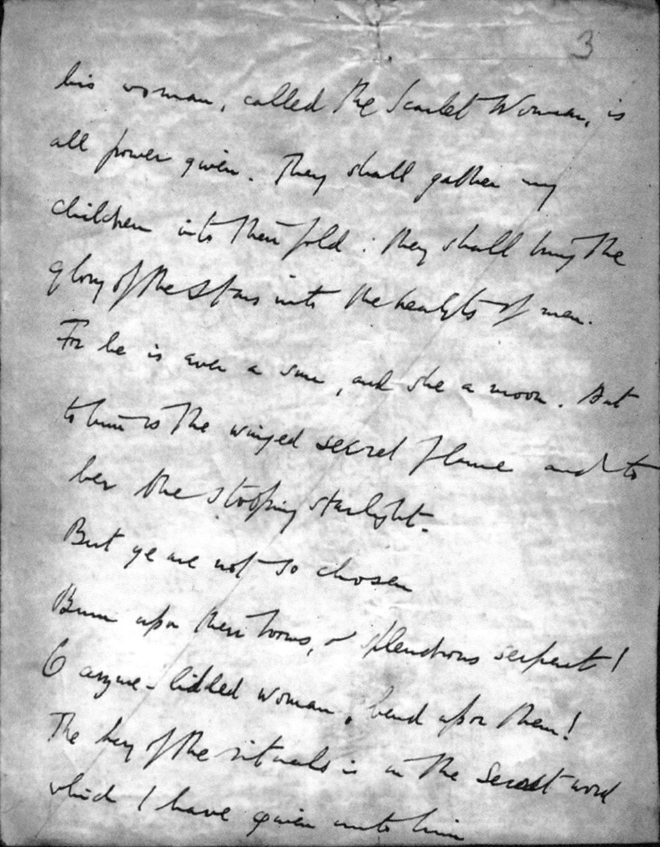
3

his woman, called the Scarlet Woman, is
all power given. They shall gather my
children into their fold: they shall bring the
glory of the stars into the hearts of men.
For he is ever a sun, and she a moon. But
to him is the winged secret flame and to
her the stooping starlight.
But ye are not so chosen
Burn upon their brows, o splendrous serpent!
O azure-lidded woman, bend upon them!
The key of the rituals is in the secret word
which I have given unto him

4

With the God & the Adorer I am nothing: they
do not see me. They are as upon the earth
I am Heaven, and there is no other God
than me, and my lord Hadit.
Now therefore I am known to ye by my
name Nuit, and to him by a secret name
which I will give him when at last he
knoweth me
Since I am Infinite Space and the Infinite
Stars thereof do ye also thus. Bind
nothing! Let there be no difference made
among you between any one thing & any

5

other thing; for thereby there cometh hurt.
But whoso availeth in this, let him be
the chief of all!
I am Nuit and my word is six and fifty
Divide, add, multiply and understand.
Then saith the prophet and slave of the
beauteous one: Who am I, and what shall
be the sign. So she answered him, bending
down, a lambent flame of blue, all-touching
all penetrant, her lovely hands upon the
black earth & her lithe body arched for love
and her soft feet not hurting the

little flowers Thou knowest! And the sign
shall be my ecstasy, the consciousness of
the continuity of existence, ~~the unfragmentary non-atomic fact of my universality~~. the omnipresence of my body.

~~(Write this in whiter words)~~
~~(But go forth on)~~

Done later as above.

Then the priest answered & said unto
the Queen of Space, kissing her lovely brows
and the dew of her light bathing his whole
body in a sweet-smelling perfume of sweat
O Nuit, continuous one of Heaven, let it

7

be ever thus that men speak not of thee as One but as None and let them speak not of thee at all since thou art continuous.

None, breathed the light, faint & faery, of the stars, and two. For I am divided for love's sake, for the chance of union.

This is the creation of the world that the pain of ~~[illegible]~~ division is as nothing and the joy of dissolution all.

For these fools of men and their

8

woes care not thou at all! They feel
little; what is, is balanced by weak
joys: but ye are my chosen ones.

Obey my prophet! follow out the
ordeals of my knowledge! seek me
only! Then the joys of my love will
redeem ye from all pain. This is
so: I swear it by the vault of my
body; by my sacred heart and tongue;
by all I can give, by all I desire of
ye all.
Then the priest fell into a deep trance or

9

swoon & said unto the Queen of Heaven
Write unto us the ordeals write unto
us the rituals write unto us the law.
But she said the ordeals I write not
the rituals shall be half known and
half concealed: the Law is for all
This that thou writest is the threefold
book of Law
My scribe Ankh-af-na-khonsu the
priest of the princes shall not in one
letter change this book; but lest there
be folly, he shall comment thereupon
by the wisdom of Ra-Hoor-Khu-it.

10

Also the mantras and spells; the obeah and the wanga; the work of the wand and the work of the sword: these he shall learn and teach.

He must teach; but he may make severe the ordeals.

The word of the Law is Θελημα.

Who calls us Thelemites will do no wrong, if he look but close into the word. For there are therein Three Grades. the Hermit and the Lover and the man of Earth. Do what thou wilt

11

shall be the whole of the Law.
The word of Sin is Restriction. O man!
refuse not thy wife if she will. O
lover, if thou wilt, depart. There is
no bond that can unite the divided but
love: all else is a curse. Accursèd!
Accursèd! be it to the aeons. Hell.
Let it be that state of manyhood
bound and loathing. So with thy all
thou hast no right but to do thy will
Do that and no other shall say nay.
For pure will, unassuaged of purpose,

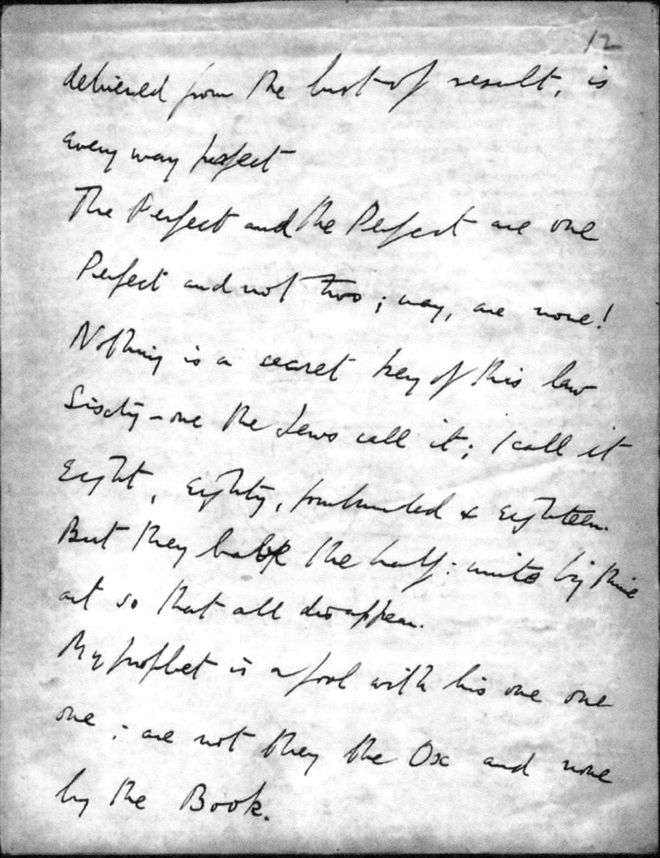

12

delivered from the lust of result, is
every way perfect—
The Perfect and the Perfect are one
Perfect and not two; nay, are none!
Nothing is a secret key of this law
Sixty-one the Jews call it; I call it
Eight, eighty, fourhundred & eighteen.
But they have the half: unite by thine
art so that all disappear.
My prophet is a fool with his one one
one; are not they the Ox and none
by the Book.

13

Abrogate are all rituals, all ordeals, all
words and signs. Ra-Hoor-Khuit hath
taken his seat in the East at the Equinox
of the Gods and let Asar be with Isa
who also are one. But they are not of
me. Let Asar be the adorant, Isa the
sufferer; Hoor in his secret name and
splendour is the Lord initiating.
There is a word to say about the Hierophantic
task. Behold! there are three ordeals in
one, and it may be given in three ways.
The gross must pass through fire; let the

14

fire be tried in intellect, and the
lofty chosen ones in the highest. Thus
ye have star & star system & system
let not one know well the other.
There are four gates to one palace;
the floor of that palace is of silver and
gold, lapis lazuli & jasper are there, and
all rare scents jasmine & rose, and the
emblems of death. Let him enter in turn
or at once the four gates; let him stand
on the floor of the palace. Will he
not sink? Amn. Ho! warrior, if thy
servant sink? But there are means

and wear. Be goodly therefore: dress ye all in fine apparel; eat rich foods and drink sweet wines and wines that foam. ~~but~~ Also, take your fill and will of love as ye will, when, where and with whom ye will. But always unto me. If this be not aright; if ye confound the space-marks, saying: They are one or saying They are many; if the ritual be not ever unto me: then expect the direful judgments of Ra Hoor Khuit. This shall regenerate the world, the little

16

world my sister, my heart & my tongue,
unto whom I send this kiss. Also, o
scribe and prophet though thou be of the
princes it shall not assuage thee nor
absolve thee. But ecstasy be thine and
joy of earth: ever To me To me.
Change not as much as the style
of a letter; for behold thou o prophet
shalt not behold all these mysteries
hidden therein.
The child of thy bowels, <u>he</u> shall behold
them.
Expect him not from the East nor from

17

the West, for from no expected house
cometh that child. Aum! All words are
sacred and all prophets true; save only that
they understand a little; solve the first
half of the equation, leave the second
unattacked. But thou hast all in the
clear light, and some though not all in the
dark.

Invoke me under my stars. Love is the
law, love under will. Nor let the fools
mistake love; for there are love and love.
There is the dove and there is the serpent.
Choose ye well! He, my prophet, hath

chosen, knowing the law of the fortress
and the great mystery of the House of God.

All these old letters of my Book are
aright; but צ is not the Star. This
also is secret: my prophet shall reveal
it to the wise.

I give unimaginable joys on earth: certainty,
not faith, while in life, upon death; peace
unutterable, rest, ecstasy: nor do I demand
aught in sacrifice.

My incense is of resinous woods & gums
and there is no blood therein: because of
my hair the trees of Eternity.

19

My number is 11, as all their numbers who are of us. (Lost) (Thelema) The shape of my star is The Five Pointed Star, with a Circle in the Middle, & the circle is Red. My colour is black to the blind, but the blue & gold are seen of the seeing. Also I have a secret glory for them that love me.

But to love me is better than all things: if under the night-stars in the desert thou presently burnest mine incense before me invoking me with a pure heart and the Serpent flame therein, thou shalt come a little to lie in my bosom. For one kiss wilt thou then be willing to give all:

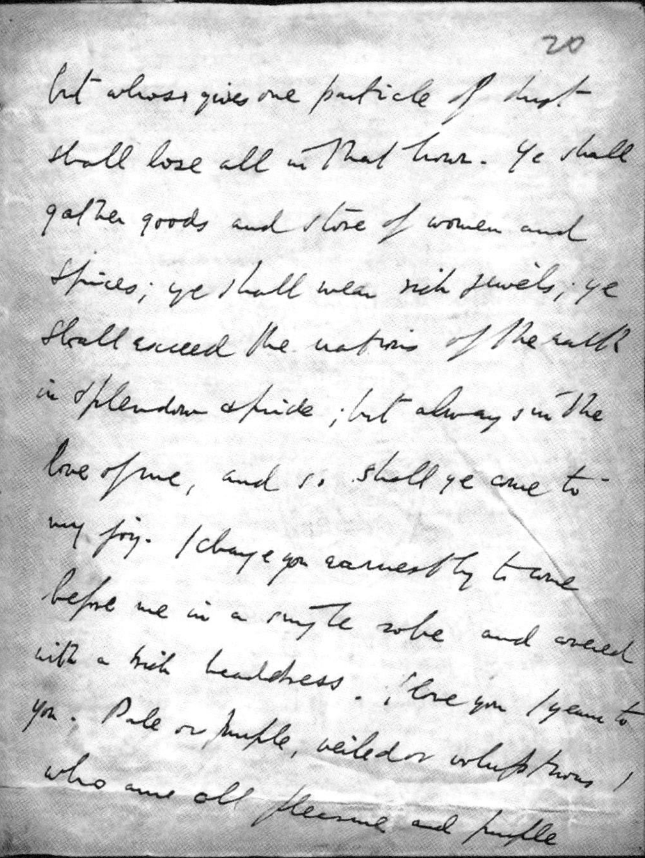
20

but whoso gives one particle of dust shall lose all in that hour. Ye shall gather goods and store of women and spices; ye shall wear rich jewels; ye shall exceed the nations of the earth in splendour & pride; but always in the love of me, and so shall ye come to my joy. I charge you earnestly to come before me in a single robe, and covered with a rich headdress. I love you! I yearn to you. Pale or purple, veiled or voluptuous, I who am all pleasure and purple

21

and drunkenness of the innermost sense
desire you. Put on the wings and arouse
the coiled splendour within you: come unto me
At all my meetings with you shall the
priestess say—and her eyes shall burn
with desire as she stands bare and rejoicing
in my secret temple—To me! To me!
calling forth the flame of the hearts of all in her
love-chant.
Sing the rapturous love-song unto me!
Burn to me perfumes! Wear to me jewels!
Drink to me, for I love you! I love you!

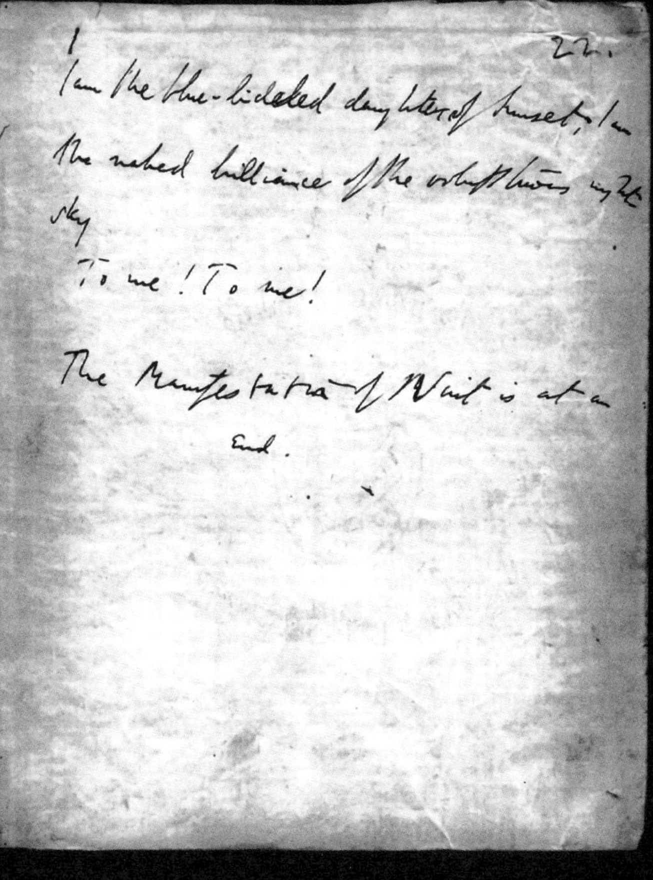

1 22.

I am the blue-lidded daughter of Sunset; I am
the naked brilliance of the voluptuous night
sky

To me! To me!

The Manifestation of Nuit is at an
end.

1

1 Nu! the hiding of Hadit.

2 Come! all ye, and learn the secret that
hath not yet been revealed. I, Hadit am
the complement of Nu my bride. I am not
extended, and Khabs is the name of my House.

3 In the sphere I am everywhere the centre, as
she, the circumference, is nowhere found.

4 Yet she shall be known & I never.

5 Behold! the rituals of the old time are black.
Let the evil ones be cast away; let the
good ones be purged by the prophet! Then shall
this Knowledge go aright.

6. I am the flame that burns in every heart of
man, and in the core of every star. I am

2

Life, and the giver of life; yet therefore is
the knowledge of me the knowledge of death.

7. I am the Magician and the Exorcist. I am the
axle of the wheel, and the cube in the circle.
"Come unto me" is a foolish word; for it is I that
go.

8 Who worshipped Heru-pa-kraath have
worshipped me; ill, for I am the worshipper.

9 Remember all ye that existence is pure joy;
that all the sorrows are but as shadows; they
pass & are done; but there is that which
remains.

10. O prophet! thou hast ill will to learn this
writing.

11. I see thee hate the hand & the pen; but I am

Stronger. 3

12 Because of me in Thee which thou knewest not.

13 for why? Because thou wast the knower,
and me.

14. Now let there be a veiling of this shrine: now
let the light devour men and eat them
up with blindness.

15. For I am perfect, being Not; and my number
is nine by the fools; but with the just I am
Eight, and one in Eight: Which is vital, for
I am none indeed. The Empress and the King
are not of me; for there is a further secret.

16 I am The Empress & the Hierophant. Thus
eleven, as my bride is eleven.

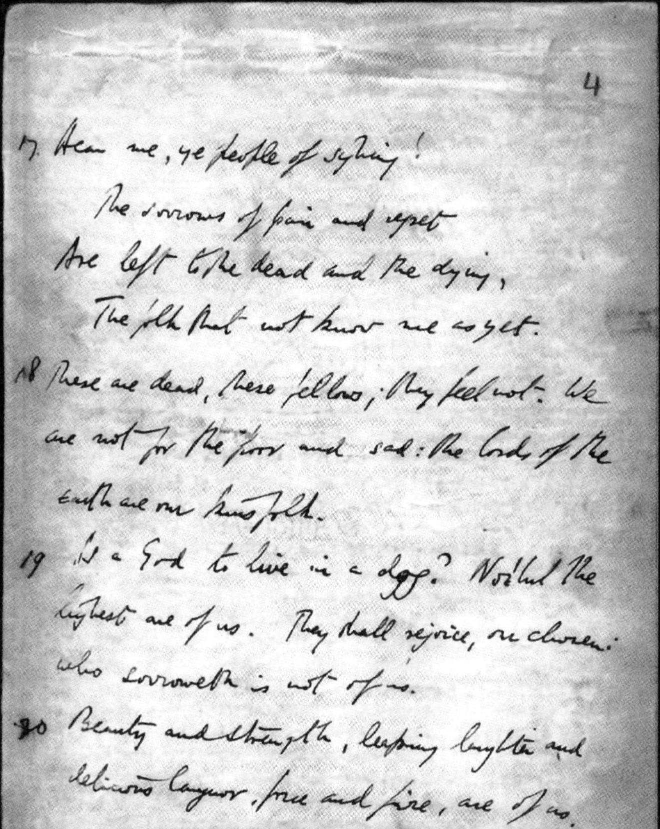
4

17. Hear me, ye people of sighing!
The sorrows of pain and regret
Are left to the dead and the dying,
The folk that not know me as yet.
18 These are dead, these fellows; they feel not. We
are not for the poor and sad: the lords of the
earth are our kinsfolk.
19 Is a God to live in a dog? No! but the
highest are of us. They shall rejoice, our chosen:
who sorroweth is not of us.
20 Beauty and strength, leaping laughter and
delicious languor, force and fire, are of us.

5

21 We have nothing with the outcast and the unfit:
let them die in their misery: For they feel
not. Compassion is the vice of kings: stamp
down the wretched & the weak: this is the
law of the strong: this is our law and the
joy of the world. Think not, o king, upon that
lie: That Thou Must Die: verily thou shalt
not die, but live! Now let it be understood:
If the body of the King dissolve, he shall remain
in pure ecstasy for ever. Nuit Hadit Ra-Hoor-
Khuit. The Sun, Strength & Sight, Light these
are for the servants of the Star & the Snake

6

22 I am the Snake that giveth Knowledge & Delight
and bright glory, and stir the hearts of men
with drunkenness. To worship me take wine
and strange drugs whereof I will tell my
prophet, & be drunk thereof! They shall not
harm ye at all. It is a lie, this folly
against self. The exposure of innocence
is a lie. Be strong, o man, lust, enjoy
all things of sense and rapture: fear not
that any God shall deny thee for this.
23 I am alone: there is no God where I am.
24 Behold! these be grave mysteries; for there
are also of my friends who be hermits. Now

think not to find them in the forest or on the
mountain; but in beds of purple, caressed by
magnificent beasts of women with large limbs,
and fire and light in their eyes, and masses
of flaming hair about them; there shall ye
find them. Ye shall see them at rule, at
victorious armies, at all the joy; and there
shall be in them a joy a million times
greater than this. Beware lest any
force another, King against King! Love one
another with burning hearts; on the low men
trample in the fierce lust of your pride

8

in the day of your wrath.

25. Ye are against the people, O my chosen!

26. I am the secret Serpent coiled about to
spring: in my coiling there is joy. If I
lift up my head, I and my Nuit are one.
If I droop down mine head, and shoot
forth venom, then is rapture of the earth,
and I and the earth are one.

27 There is great danger in me; for who doth
not understand these runes shall make
a great miss. He shall fall down into
the pit called Because, and there he shall

perish with the dogs of Reason. 9
28 Now a curse upon Because and his kin!
29 May Because be accursèd for ever!
30 If Will stops and cries Why, invoking
Because, then Will stops & does nought.
31 If Power asks why, then is Power weakness.
32 Also reason is a lie; for there is a
factor infinite & unknown; & all their
words are skew-wise.
33 Enough of Because! Be he damned for a dog!
34. But ye, o my people, rise up & awake!
35. Let the rituals be rightly performed with
joy & beauty!

10

36 There are rituals of the elements and feasts of the times.

37 A feast for the first night of the Prophet and his Bride!

38 A feast for the three days of the writing of the Book of the Law.

39 A feast for Tahuti and the child of the Prophet — secret, O Prophet!

40 A feast for the Supreme Ritual, and a feast for the Equinox of the Gods.

41 A feast for fire and a feast for water; a feast for life and a greater feast for death.

11

42 A feast every day in your hearts in the
joy of my rapture.

43 A feast every night unto Nu, and the
pleasure of uttermost delight.

44 Aye! feast! rejoice! there is no dread
hereafter. There is the dissolution, and
eternal ecstasy in the kisses of Nu.

45 There is death for the dogs.

46 Dost thou fail? Art thou sorry? Is fear
in thine heart?

47 Where I am these are not.

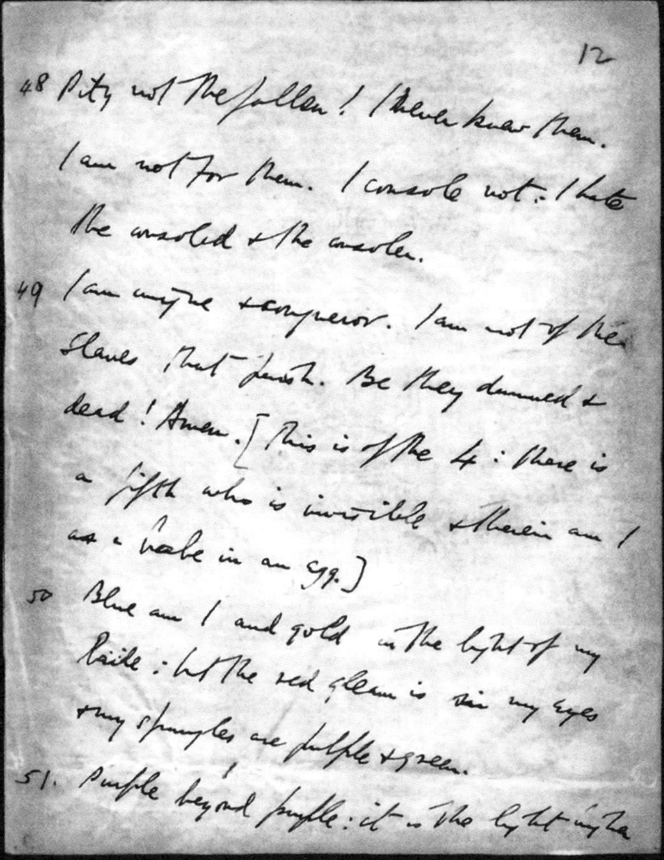

12

48 Pity not the fallen! I never knew them.
I am not for them. I console not: I hate
the consoled & the consoler.

49 I am unique & conqueror. I am not of the
slaves that perish. Be they damned &
dead! Amen. [This is of the 4: there is
a fifth who is invisible & therein am I
as a babe in an egg.]

50 Blue am I and gold in the light of my
bride: but the red gleam is in my eyes
& my spangles are purple & green.

51. Purple beyond purple: it is the light higher

13

than eyesight.

52 There is a veil: that veil is black. It is
the veil of the modest woman; it is the veil
of sorrow, & the pall of death: this is none
of me. Tear down that lying spectre of
the centuries: veil not your vices in
virtuous words: these vices are my service;
ye do well, & I will reward you here and
hereafter.

53 Fear not, o prophet, when these words are
said, thou shalt not be sorry. Thou art
emphatically my chosen; and blessed are

the eyes that thou shalt look upon with
gladness. But I will hide thee in a
mask of sorrow: they that see thee shall
fear thou art fallen: but I lift thee up.
54 Nor shall they who cry aloud their folly
that thou meanest nought avail; thou
shall reveal it: thou availest: they are
the slaves of because: They are not of
me. The stops as thou wilt; the letters
change them not in style or value!
55 Thou shalt obtain the order & value of
the English Alphabet; thou shalt find

15

new symbols to attribute them unto.

56 Begone! ye mockers; even though ye laugh
in my honour ye shall laugh not long: then
when ye are sad know that I have
forsaken you.

57. He that is righteous shall be righteous still;
he that is filthy shall be filthy still.

58 Yea! deem not of change: ye shall be as ye
are, & not other. Therefore the kings of
the earth shall be Kings for ever: the slaves
shall serve. There is none that shall
be cast down or lifted up: all is ever

as it was. Yet there are masked ones my servants: it may be that yonder beggar is a King. A King may choose his garment as he will: there is no certain test: but a beggar cannot hide his poverty.

59 Beware therefore! Love all, lest perchance is a King concealed! Say you so? Fool! If he be a King, thou canst not hurt him.

60 Therefore strike hard & low, and to hell with them, master!

61 There is a light before thine eyes, o prophet, a light undesired, most desirable.

62 I am uplifted in thine heart; and the kisses
of the stars rain hard upon thy body.
63 Thou art exhaust in the voluptuous fullness
of the aspiration: the aspiration is sweeter
than death, more rapid and laughterful than
a caress of Hell's own worm.
64 Oh! thou art overcome: we are upon thee;
our delight is all over thee: hail! hail!
prophet of Nu! prophet of Had! prophet of
Ra-Hoor-Khu! Now rejoice! now come in
our splendour & rapture! Come in our passionate
peace, & write sweet words for the Kings!

18

65 I am the Master: thou art the Holy Chosen One.
66 Write, & find ecstasy in writing! Work, &
be our bed in working! Thrill with the
joy of life & death! Ah! thy death shall
be lovely: whoso seeth it shall be glad. Thy
death shall be the seal of the promise of
our agelong love. Come! lift up thine heart
& rejoice! We are one; we are none.
67 Hold! Hold! Bear up in thy rapture;
fall not in swoon of the excellent kisses!
68 Harder! Hold up thyself! Lift thine head!

19

breathe not so deep — die!

69 Ah! Ah! What do I feel? Is the word
Exhausted?

70 There is help & hope in other spells. Wisdom
says: be strong! Then canst thou bear more
joy. Be not animal; refine thy rapture!
If thou drink, drink by the eight and ninety
rules of art: if thou love, exceed by
delicacy; and if thou do aught joyous, let
there be subtlety therein!

71 But exceed! exceed!

72 Strive ever to more! and if thou art truly

20

mine — and doubt it not, an if thou art
ever joyous! — death is the crown of all.
73 Ah! Ah! Death! Death! thou shalt long for
death. Death is forbidden, O man, unto thee.
74 The length of thy longing shall be the strength
of its glory. He that lives long & desires
death much is ever the King among the Kings.
75 Aye! listen to the numbers & the words:
76 4638 ABK24 ALGMOR 3Y
x 24 89 RPSTOVAL. What
meaneth this, O prophet? Thou knowest
not; nor shalt thou know ever. There
cometh one to follow thee: he shall

21

expound it. But remember, o chosen
one, to be me; to follow the love of
Nu in the star-lit heaven; to look forth
upon men, to tell them this glad word.
77 O be thou proud and mighty among men!
78 Lift up thyself! for there is none like unto
thee among men or among Gods! Lift up
thyself, o my prophet, thy stature shall
surpass the stars. They shall worship thy
name, foursquare, mystic, wonderful, the
number of the man; and the name of

22

Thy house 418.

79. The end of the hunting of Hadit; and blessing & worship to the prophet of the lovely Star.

1

1 Abrahadabra! the reward of Ra Hoor Khut.
2 There is division hither homeward; there is a
word not known. Spelling is defunct; all is not
aught. Beware! Hold! Raise the spell of
Ra-Hoor-Khuit!
3 Now let it be first understood that I am
a god of War and of Vengeance. I shall
deal hardly with them.
4 Choose ye an island!
5 Fortify it!
6 Dung it about with enginery of war!
7 I will give you a war-engine.
8 With it ye shall smite the peoples and

2

none shall stand before you.

9 Lurk! Withdraw! Upon them! this
is the Law of the Battle of Conquest: thus
shall my worship be about my secret house.

10 Get the stélé of revealing itself; set it
in thy secret temple — and that temple
is already aright disposed — & it shall be your
Kiblah for ever. It shall not fade, but
miraculous colour shall come back to it
day after day. Close it in locked glass for a
proof to the world.

11 This shall be your only proof. I forbid argument.
Conquer! That is enough. I will make easy

3

to you the abstruction from the ill-ordered
house in the Victorious City. Thou shalt
thyself convey it with worship, o prophet,
though thou likest it not. Thou shalt have
danger & trouble. Ra-Hoor-Khu is with
thee. Worship me with fire & blood; worship
me with swords & with spears. Let the woman
be girt with a sword before me: let blood
flow to my name. Trample down the Heathen; be
upon them, o warrior, I will give you of their
flesh to eat!
12 Sacrifice cattle, little and big: after a child.

4

13 But not now.
14 Ye shall see that hour, o blessed Beast, and
thou the Scarlet Concubine of his desire!
15 Ye shall be sad thereof.
16 Deem not too eagerly to catch the promises; fear
not to undergo the curses. Ye, even ye, know not
this meaning all.
17 Fear not at all; fear neither men, nor Fates,
nor gods, nor anything. Money fear not, nor
laughter of the folk folly, nor any other power
in heaven or upon the earth or under the
earth. Nu is your refuge as Hadit your

5

light; and I am the strength, force, vigour, of
your arms.

18 Mercy let be off: damn them who pity.
Kill and torture; spare not; be upon them.

19 That stélé they shall call the Abomination
of Desolation; count well its name, & it shall
be to you as 718.

20 Why? Because of the fall of Because, that
he is not there again.

21 Set up my image in the East: thou shalt buy
thee an image which I will show thee, especial,
not unlike the one thou knowest. And it shall
be suddenly easy for thee to do this.

22. The other images group around me to support
me: let all be worshipped, for they shall
cluster to exalt me. I am the visible object
of worship; the others are secret; for the Beast
& his Bride are they: and for the winners of
the Ordeal x. What is this? Thou shalt know.
23 For perfume mix meal & honey & thick leavings
of red wine: then oil of Abramelin and
olive oil, and afterward soften & smooth
down with rich fresh blood!
24 The best blood is of the moon, monthly: then
the fresh blood of a child, or dropping from the

host of heaven: then of enemies; then
of the priest of [or] the worshippers: last of
some beast, no matter what.
25 This burn: of this make cakes & eat unto
me. This hath also another use; let it be
laid before me, and kept thick with perfumes
of your orison: it shall become full of beetles
as it were and creeping things sacred unto me.
26 These slay, naming your enemies & they shall
fall before you.
27 Also these shall breed lust & power of lust in
you at the eating thereof.
28 Also ye shall be strong in war.

29 Moreover, be they long kept, it is better; for
they swell with my force. All before me.
30 My altar is of open brass work: burn thereon
in silver or gold.
31 There cometh a rich man from the West who
shall pour his gold upon thee.
32 From gold forge steel:
33 Be ready to fly or to smite.
34 But your holy place shall be untouched
throughout the centuries: though with fire and
sword it be burnt down & shattered, yet
an invisible house there standeth and
shall stand until the fall of the Great

9

Equinox, when Hrumachis shall arise and the double-wanded one assume my throne and place. Another prophet shall arise, and bring fresh fever from the skies; another woman shall awake the lust & worship of the Snake; another soul of God and beast shall mingle in the globèd priest; another sacrifice shall stain the tomb; another king shall reign; and blessing no longer be poured To the Hawk-headed mystical Lord!

35. The half of the word of Heru-ra-ha, called Hoor-pa-kraat and Ra-Hoor-Khut.

36 Then said the prophet unto the God:

37 I adore thee in the song
"I am the Lord of Thebes" &c from vellum book
unity &c
—— fill me

38 So that thy light is in me & its red flame
is as a sword in my hand to push thy
order. There is a secret door that I shall
make to establish thy way in all the quarters
(these are the adorations, as thou hast written)
as it is said

"The light is mine" &c
from vellum book to "Ra-Hoor-Khuit"

39 All this and a book to say how thou
didst come hither and a reproduction of
this ink and paper for ever — for in it is
the word secret & not only in the English —
and thy comment upon this the Book of the Law
shall be printed beautifully in red ink and
black upon beautiful paper made by hand;
and to each man and woman that thou
meetest, were it but to dine or to drink
at them, it is the Law to give. Then they
shall chance to abide in this bliss or no;
it is no odds. Do this quickly!
40 But the work of the comment? That is easy; and

Hadit burning in thy heart shall make swift and secure thy pen.

41. Establish at thy Kaaba ~~a~~ a clerk-house: all must be done well and with business way.

42. The ordeals thou shalt oversee thyself, save only the blind ones. Refuse none, but thou shalt know & destroy the traitors. I am Ra-Hoor-Khuit and I am powerful to protect my servant. Success is thy proof: argue not: convert not: talk not overmuch. Them that seek to entrap thee, to overthrow thee, them attack without pity or quarter & destroy them utterly. Swift as a trodden serpent turn

13

and strike! Be thou yet deadlier than he!
Drag down their souls to awful torment: laugh
at their fear: spit upon them!

43 Let the Scarlet Woman beware! If pity and
compassion and tenderness visit her heart
if she leave my work to toy with old
sweetnesses then shall my vengeance be
known. I will slay me her child: I will
alienate her heart: I will cast her out
from men: as a shrinking and despised harlot
shall she crawl through dusk wet streets, and
die cold and an-hungered.

14

44. But let her raise herself in pride. Let her follow me in my way. Let her work the work of wickedness! Let her kill her heart! Let her be loud and adulterous; let her be covered with jewels, and rich garments, and let her be shameless before all men!

45 Then will I lift her to pinnacles of power: then will I breed from her a child mightier than all the kings of the earth. I will fill her with joy: with my force shall she see & strike at the worship of Nu. she shall achieve Hadit.

15

46. I am the warrior Lord of the Forties: the
Eighties cower before me, & are abased
I will bring you to victory & joy: I will be
at your arms in battle & ye shall
delight to slay. Success is your proof;
courage is your armour; go on, go on, in
my strength & ye shall turn not back for
any.
47 This book shall be translated into all
tongues: but always with the original in
the writing of the Beast; for in the

16

chance shape of the letters and their position to one another: in these are mysteries that no Beast shall divine. Let him not seek to try: but one cometh after him, whence I say not, who shall discover the key of it all. Then this line drawn is a key: then this circle squared ⊕ in its failure is a key also. And Abrahadabra. It shall be his child & that strangely. Let him not seek after this; for thereby alone can he fall from it.

17

48 Now this mystery of the letters is done, and
I want to go on to the holier place.
49 I am in a secret fourfold word, the blasphemy against
all gods of men.
50 Curse them! Curse them! Curse them!
51 With my Hawk's head I peck at the eyes of
Jesus as he hangs upon the cross
52 I flap my wings in the face of Mohammed &
blind him
53 With my claws I tear out the flesh of the
Indian and the Buddhist, Mongol and
Din.
54 Bahlasti! Ompehda! I spit on your

18

crapulous creeds.

55 Let Mary inviolate be torn upon wheels:
for her sake let all chaste women be
utterly despised among you.

56 Also for beauty's sake and love's!

57 Despise also all cowards; professional soldiers
who dare not fight, but play: all fools despise.

58. But the keen and the proud, the royal and
the lofty; ye are brothers!

59 As brothers fight ye.

60 There is no law beyond Do what thou wilt.

61 There is an end of the word of the God

enthroned in Ra's seat, lightening the girders
of the soul.

62 To Me do ye reverence; to me come ye
through tribulation of ordeal, which is
bliss.

63 The fool readeth this Book of the Law, and
its comment & he understandeth it not.

64 Let him come through the first ordeal &
it will be to him as silver

65 through the second gold

66 through the third, stones of precious water.

67 through the fourth, ultimate sparks of the
intimate fire.

20

68 Yet to all it shall seem beautiful. Its enemies who say not so, are mere liars.

69 There is success

70 I am the Hawk-Headed Lord of Silence & of Strength; my nemyss shrouds the night-blue sky.

71 Hail! ye twin warriors about the pillars of the world! for your time is nigh at hand

72 I am the Lord of the Double Wand of Power the wand of the ~~Coph~~ force of Coph Nia — but my left hand is empty, for I have crushed

21

an Universe & nought remains.

73 Paste the sheets from right to left and
from top to bottom: then behold!

74 There is a splendour in my name hidden
and glorious, as the sun of midnight is
ever the son

75 The ending of the words is the Word
Abrahadabra.

The Book of the Law is Written
and Concealed
Aum. Ha.

A∴A∴ SIGILLVM SANCTVM FRATERNITATIS
BABALON
7 7
77 77
7

•

Por ocasião do lançamento do *Liber ABA* no Brasil, foi lançada uma edição exclusiva, limitada e comemorativa do *Liber AL vel Legis*. Tal edição não foi comercializada após aquela publicação, e desde então há uma demanda crescente por uma nova edição do *Livro da Lei*.

Pensamos que o ano em que o Profeta comemoraria seu 150º aniversário seria a ocasião perfeita para trazer à comunidade lusófona uma versão deste livro sagrado que não seja limitada e esteja disponível para o público em geral. Deste ímpeto surgiu a obra que você tem em mãos.

Toda boa tradução do *Livro da Lei* deve conter, além da tradução em si, o texto original em inglês, o fac-símile do manuscrito e uma reprodução da Estela da Revelação. Em respeito à tradição editorial e ao ditame do próprio Livro (III:47), todos estes elementos estão presentes nesta edição.

Tais complementos são particularmente úteis para que o estudante dedicado tenha em mãos as ferramentas necessárias para decifrar os mistérios do *Liber AL vel Legis*. E como estamos em pleno século XXI, visando a comodidade do leitor, oferecemos também versões digitais dos três textos, que podem ser acessados pelos *QR Codes* ao lado.

Penumbra Livros

Este é um fruto da colaboração
Penumbra Livros | Sociedade Novo Æon
Impresso na Gráfica Viena